Livro Aberto

Demi Moore

Livro Aberto
a minha história

Rio de Janeiro, 2021

Livro Aberto: A minha história

Copyright © 2021 da Starlin Alta Editora e Consultoria Eireli.
ISBN: 978-65-5520-203-8

Translated from original Inside Out. Copyright © 2019 by Pajama Party Productions, Inc. ISBN 978-0-062-04953-7. This translation is published and sold by permission of Harper, the owner of all rights to publish and sell the same an imprint of HarperCollins Publishers. PORTUGUESE language edition published by Starlin Alta Editora e Consultoria Eireli, Copyright © 2021 by Starlin Alta Editora e Consultoria Eireli.

Todos os direitos estão reservados e protegidos por Lei. Nenhuma parte deste livro, sem autorização prévia por escrito da editora, poderá ser reproduzida ou transmitida. A violação dos Direitos Autorais é crime estabelecido na Lei nº 9.610/98 e com punição de acordo com o artigo 184 do Código Penal.

A editora não se responsabiliza pelo conteúdo da obra, formulada exclusivamente pelo(s) autor(es).

Marcas Registradas: Todos os termos mencionados e reconhecidos como Marca Registrada e/ou Comercial são de responsabilidade de seus proprietários. A editora informa não estar associada a nenhum produto e/ou fornecedor apresentado no livro.

Impresso no Brasil — 1ª Edição, 2021 — Edição revisada conforme o Acordo Ortográfico da Língua Portuguesa de 2009.

Erratas e arquivos de apoio: No site da editora relatamos, com a devida correção, qualquer erro encontrado em nossos livros, bem como disponibilizamos arquivos de apoio se aplicáveis à obra em questão.
Acesse o site www.altabooks.com.br e procure pelo título do livro desejado para ter acesso às erratas, aos arquivos de apoio e/ou a outros conteúdos aplicáveis à obra.

Suporte Técnico: A obra é comercializada na forma em que está, sem direito a suporte técnico ou orientação pessoal/exclusiva ao leitor.

A editora não se responsabiliza pela manutenção, atualização e idioma dos sites referidos pelos autores nesta obra.

Produção Editorial
Editora Alta Books

Gerência Comercial
Daniele Fonseca

Editor de Aquisição
José Rugeri
acquisition@altabooks.com.br

Produtores Editoriais
Illysabelle Trajano
Maria de Lourdes Borges
Thales Silva

Marketing Editorial
Livia Carvalho
Gabriela Carvalho
Thiago Brito
marketing@altabooks.com.br

Equipe de Design
Larissa Lima
Marcelli Ferreira
Paulo Gomes

Diretor Editorial
Anderson Vieira

Coordenação Financeira
Solange Souza

Produtor da Obra
Thiê Alves

Equipe Ass. Editorial
Brenda Rodrigues
Caroline David
Luana Rodrigues
Mariana Portugal
Raquel Porto

Equipe Comercial
Adriana Baricelli
Daiana Costa
Fillipe Amorim
Kaique Luiz
Victor Hugo Morais
Viviane Paiva

Atuaram na edição desta obra:

Tradução
Carolina Palha

Copidesque
Ana Gabriela Dutra

Revisão Gramatical
Hellen Suzuki
Jana Araujo

Diagramação
Luisa Maria Gomes

Capa
Paulo Gomes

Ouvidoria: ouvidoria@altabooks.com.br

Editora afiliada à:

Dados Internacionais de Catalogação na Publicação (CIP) de acordo com ISBD

M8211 Moore, Demi
        Livro Aberto: a minha história / Demi Moore ; traduzido por Carolina Palha. - Rio de Janeiro : Alta Books, 2021.
        256 p. : il. ; 16cm x 23cm.

        Tradução de: Inside Out: A Memoir
        Inclui bibliografia e índice.
        ISBN: 978-65-5520-203-8

        1. Autobiografia. 2. Memórias. 3. Demi Moore. I. Gaio, Carolina. II. Título.

2021-3870   CDD 330
                                             CDU 33

Elaborado por Vagner Rodolfo da Silva - CRB-8/9410

Rua Viúva Cláudio, 291 — Bairro Industrial do Jacaré
CEP: 20.970-031 — Rio de Janeiro (RJ)
Tels.: (21) 3278-8069 / 3278-8419
www.altabooks.com.br — altabooks@altabooks.com.br

Para minha mãe, minhas filhas e para as filhas das minhas filhas.

A CASA DE HÓSPEDES

O ser humano é uma casa de hóspedes.
Toda manhã uma nova chegada.

A alegria, a depressão, a falta de sentido,
uma consciência momentânea,
como visitantes inesperados.

Receba e entretenha a todos!
Mesmo que seja uma multidão de dores
que violentamente varre sua casa e tira seus móveis.
Ainda assim, trate seus hóspedes honradamente.
Eles podem estar limpando seu interior para um novo deleite.

O pensamento sombrio, a vergonha, a malícia,
encontre-os à porta sorrindo e convide-os para entrar.

Agradeça a quem vem,
porque cada um foi enviado
como um guia do além.

— *Rumi*

SUMÁRIO

Agradecimentos	xi
Prólogo	1

PARTE I: SUSTENTAÇÃO

Capítulo 1	5
Capítulo 2	17
Capítulo 3	29
Capítulo 4	39
Capítulo 5	49
Capítulo 6	55
Capítulo 7	61

PARTE II: SUCESSO

Capítulo 8	71
Capítulo 9	79
Capítulo 10	91
Capítulo 11	99
Capítulo 12	109
Capítulo 13	123
Capítulo 14	131
Capítulo 15	143

PARTE III: SUBMISSÃO

Capítulo 16	155
Capítulo 17	165
Capítulo 18	173
Capítulo 19	183
Capítulo 20	193
Capítulo 21	201
Capítulo 22	211
Epílogo	219

AGRADECIMENTOS

Ariel Levy, não há palavras para descrever minha gratidão por você ter ajudado a tornar este livro realidade. Você cuidou de todos os detalhes como se fossem preciosidades e me mostrou, com maestria, como tecê-los para formar a minha história. Sua empolgação me deixou profundamente feliz; sua inteligência estarrecedora e sua perspicácia me ajudaram a lidar com as incertezas e a deixar o medo para trás. E sua compreensão e compaixão me permitiram deixar a verdade fluir. OBRIGADA. Você é um ser humano incrível, um encontro de almas, e agradeço ao Universo por ter unido nossos caminhos.

Jennifer Barth, esta jornada durou nove anos, e você ficou do meu lado durante as vitórias, as derrotas e a bênção de chegarmos aqui, me deixando caminhar com minhas próprias pernas, quando necessário, para que eu vivesse todo o processo — sempre colocando a mim e a meus interesses acima das questões mais práticas. Sou muito grata por ter entrado justamente no seu escritório naquele dia. Você é uma editora excepcional, inteligente, com uma habilidade fora do comum, detalhista de uma forma sobre-humana; mas é pela sua humanidade, sua compreensão como mulher, mãe, irmã, filha, traduzida nas incontáveis e incansáveis horas que passamos juntas, que sou desmedidamente grata. Obrigada.

Luke Janklow, você é a personificação da simplicidade e da graça. Este livro não teria sido escrito sem você. Desde o começo, você acreditou em mim e na minha história, mesmo quando eu mesma não acreditei. Você se doou de corpo e alma para eu conseguir continuar quando a dor era tão lancinante que eu não cogitava sequer me abrir novamente. Você me orientou nesse processo, sabendo quando intervir e quando recuar, mas talvez o maior presente que tenha me dado tenha sido a segurança de saber que estaria presente se eu precisasse. Você trazia otimismo e respostas, deixando tudo fácil de lidar: tornou o árduo fácil, o difícil realizável e o impossível risível. Obrigada pela companhia. Espero ter deixado você orgulhoso.

Claire Dippel, todos sabemos que Luke não seria Luke sem você. Obrigada pelo sorriso acolhedor de todos os dias, quando entrávamos na sua sala de reuniões, e principalmente por manter um estoque de Red Bull para mim!

Hunter Reinking, por onde começar? Desde o primeiro dia, há mais de 25 anos, você foi incansável; ficou do meu lado em inúmeros filmes, dois divórcios e no turno da noite, cuidando da minha mãe em seus últimos dias. Eu lhe agradeço do fundo da minha alma, de um jeito que as palavras nunca seriam capazes de expressar. Você contribuiu com seu espírito, coração e uma boa dose de sarcasmo afetuoso, além de sua ética inabalável, em tantos longos dias que nem dá para contar. Amo e admiro você, e não faço ideia do que faria sem você na minha vida.

Lenny Hernandez, você talvez seja a pessoa mais doce e gentil que já conheci. Não há tarefa difícil ou irrelevante para você, e não importa o que eu tenha a oferecer, você recebe com um sorriso, uma alegria e uma emoção que transbordam acolhimento. Você é pura bondade e sabe demonstrar isso muito bem em tudo o que faz. Admiro demais! Se eu descobrisse que você é um anjo, um santo, um bodisatva vivendo entre nós, não me surpreenderia. Sou abençoada por tê-lo na minha vida. Você torna tudo possível, e eu não poderia ser mais grata.

LIVRO ABERTO

Andrea Diaz, sei de onde Lenny obteve suas qualidades, porque você é um anjo! É você que mantém minha casa, meus cães e minha vida no rumo. Amo, respeito e tenho a maior admiração do mundo por você. A verdade é que eu estaria perdida sem você, assim como Little Man, Diego, Minky, Nibby, Harlow, Merple e Sousci Tunia!

Jason, Merritt e os meninos, obrigada por me abrirem sua casa, seu coração, sua família, me cercando com seu amor e apoio. Seu quarto de hóspedes sempre será o meu quarto e, se um dia perderem a chave, ainda tenho uma cópia!

Glenda Bailey, minha escorpiana, você é minha conselheira, amiga e uma das pessoas mais espetaculares que já conheci. Sua generosidade e bondade só se equiparam à profundidade de seu amor e integridade. Obrigada por me perceber, apoiar e acreditar em mim. Sou muito grata! Você enche meu coração de alegria.

Minha equipe, Meredith e Carrie, obrigada por me ajudar a trazer este livro à vida.

Kevin Huvane, por me apoiar, me amar e ser um perfeito cavalheiro. Eu amo você!

Dr. Habib Sadeghi, você encontrou um passarinho definhando, com as asas quebradas, e mostrou que ele poderia voar novamente — talvez até mais alto do que nunca. Eu não estaria aqui, muito menos teria escrito um livro sem você. Você abriu meus olhos, reacendeu minha alma e fez meu coração cantar. Minha gratidão transcende as palavras.

John Kenyon, você foi a pessoa que me resgatou, a verdade em que pude me segurar e meu farol de sanidade enquanto eu me reerguia. Meus mais profundos e sinceros agradecimentos a você, por ter segurado essa corda e nunca ter soltado.

Sat Hari, quando nada fazia sentido e as respostas se ocultaram, você estava lá, inabalável, com seu carinho e afeto, cuidando de mim a cada aplicação intravenosa nas sessões de ozonoterapia. Você é amiga, mestre, aprendiz e parceira de aventuras. Obrigada por percorrer este caminho comigo.

Kevin Dowling, suas mãos curativas e seu coração amoroso me incentivaram!

Tej Khalsa, comparecer às suas aulas e lhe servir me deu propósito e sentido quando eu não os tinha. Sou muito grata a você pelo sopro de vida que me deu.

Ron e Mary Hulnick, espero que, por meio de minhas ações, comportamentos e palavras, eu tenha conseguido demonstrar minha gratidão, difundindo seus belos ensinamentos à minha maneira. Vocês ajudaram muitas pessoas, e sou imensamente grata por estar entre elas. Obrigada!

Morgan, meu irmãozinho de 1,90m, podemos não ter a proteção dos nossos pais, mas sou muito grata por termos um ao outro. Obrigada por ter me dado seu amor e tempo para nos aventurarmos nos altos e baixos de nossas vidas que estão neste livro. Amo você!

Tia DeAnna, você sempre me acolheu quando não havia mais ninguém disposto. Dizer que sou grata é um eufemismo. Você é um presente, o maior exemplo de generosidade, e todos devemos buscar ser tão generosos e altruístas quanto você! Obrigada por atender a todas as chamadas, atentar para os detalhes, preencher as lacunas e resgatar fotos antigas. Eu amo você.

Tio George, Morgan e eu somos abençoados por tê-lo em nossas vidas, não apenas como tio, mas como um pai, depois que o nosso se foi. Sua compreensão propiciou um carinho de família que ninguém mais poderia ter me dado. Sou profundamente grata.

Tia Billie e tia Choc, obrigada por darem amor e preencherem as perdas com vida, e por trazerem minha mãe para perto por meio da sua presença. Eu amo vocês.

LIVRO ABERTO

Clube da Luluzinha da costura, GP, Jenni, Jen, Sara, Brig e Daun, amo vocês.

Lena D, você é mágica.

Peggy, Heather, Guyo e Michelle, vocês me apoiaram. Amo vocês!

Masha e minha amada Rumi Lou, estou transbordando de gratidão a vocês e ao Universo por trazê-las à minha vida, por me permitir o privilégio de fazer parte de suas vidas, de testemunhar a magia e o crescimento deste incrível serzinho que você criou. Rumi, sempre serei sua "Mi", e você pode fazer festas do pijama e brincadeiras sempre que quiser. Eu amo vocês!

Greta e Linda, vocês me reergueram, protegeram e ampararam sem nem mesmo ter consciência disso — especialmente por manterem a alegria e a magia do Natal! Serei eternamente grata.

Eric B, você é uma obra-prima, o melhor marido gay que uma garota poderia querer e um parceiro de vida. Sou muito grata! Amo você desmedidamente!

Sheri-O, dizem que, quando a situação se complica, você sabe quem são seus amigos. Bem, aconteceu comigo, e você se manteve inabalável. Sou uma das suas maiores fãs e muito grata por você e SJ serem não só amigos, mas minha família. Obrigada por procurar fotos para dar vida a esta história com mais vivacidade.

Laura Day, há poucas pessoas cujos conselhos são mais precisos do que os seus. Você é e sempre foi minha heroína. Você cuida de mim com o olhar atento de uma mãe e, às vezes, me protege até de mim mesma. Somos amigas, somos família e, quando necessário, somos as mães que nenhuma de nós tem. Sinto-me muito honrada e abençoada por fazer parte da sua vida. Você moveria montanhas pelos que ama, e o faz. Obrigada por acreditar em mim e neste livro. Eu amo você!

Às minhas esplendorosas filhas, Ru, Scouter e Boo, meus amores, meus anjos, minha razão de tudo. Ter testemunhado cada uma de vocês

DEMI MOORE

crescendo e se desenvolvendo no próprio ritmo, em seus caminhos, até virarem as magníficas, determinadas, majestosas, inteligentes, amorosas, atenciosas, compreensivas e lindíssimas mulheres que são hoje me deixa sem fôlego. Obrigada por me proporcionarem, com seu amor, apoio e incentivo, o espaço para escrever este livro. Esta é a minha história, e sei que, ao compartilhar minha experiência, ela pode não expressar completamente a sua ou captar as nuances de sua dor, seu medo e seu triunfo. Isso fica com cada uma de vocês. Sou imensamente grata por terem me feito mãe; é uma honra, uma bênção e o maior presente que já ganhei. Ainda há muitas histórias para ser contadas; lições, aprendidas; e amor, compartilhado. E mal posso esperar para continuar nossa aventura. Eu Amo Vocês!

PRÓLOGO

A mesma pergunta insistia em minha mente: *Como cheguei até aqui?*

Agora eu estava completamente sozinha na casa vazia em que me casei, a qual ampliamos porque tínhamos mais filhos do que quartos. Estava com quase 50 anos. O marido que eu pensava ser o amor da minha vida tinha me traído e decidido que nosso casamento já não valia a pena. Meus filhos não falavam comigo: nenhuma ligação de feliz aniversário, nenhuma mensagem de feliz Natal. Nada. O pai deles — um amigo com quem contei por anos — sumiu da minha vida. A carreira que eu lutara para construir desde que saí da casa da minha mãe, com 16 anos, estava estagnada; talvez, tivesse chegado ao fim. Tudo ao que eu me agarrava — até a minha saúde — tinha me abandonado. Eu sofria de dores de cabeça lancinantes e perdia peso em uma velocidade assustadora. Minha aparência era semelhante à forma como me sentia: destruída.

Isso é a vida?, pensava. *Porque, se é isso, a minha acabou. Não sei o que estou fazendo aqui.*

Eu agia de forma mecânica, fazendo o que parecia necessário: alimentava os cães, atendia ao telefone. Um amigo fez aniversário e algumas pessoas vieram. Fiz o mesmo que os outros: inalei um pouco de óxido nitroso e, quando as articulações me forçaram a me afundar no sofá da minha sala de estar, dei uma tragada na maconha sintética (chamada Diablo, apropriadamente).

A próxima coisa de que me lembro foi que tudo ficou embaçado e vi meu corpo de cima. Eu estava flutuando e vendo cores psicodélicas, e parecia que aquela era a minha chance: eu poderia deixar para trás a dor e a vergonha da minha vida. As dores de cabeça, o coração partido e a sensação de fracasso — como mãe, esposa e mulher — simplesmente evaporariam.

Mas a pergunta ainda martelava: *Como cheguei até aqui?* Depois de toda a sorte e sucesso que tive na vida adulta. Depois de toda a luta para sobreviver à minha infância. Depois de um casamento que começou parecendo mágico, com a primeira pessoa para a qual realmente tentei me mostrar por completo. Depois que, *finalmente*, fiz as pazes com o meu corpo e parei de passar fome e torturá-lo — travando guerras comigo mesma e usando a comida como arma. E, o mais importante, depois de criar três filhas e fazer tudo o que acreditava para me tornar a mãe que nunca tive. Toda esse esforço resultou em nada?

De repente, eu estava de volta ao meu corpo, convulsionando no chão, e ouvi alguém gritar: "Liguem para a emergência!"

Eu gritei: "Não!", porque sabia o que viria a seguir: a ambulância, os paparazzi e o *TMZ* anunciando: "Demi Moore foi levada às pressas para o hospital, sob efeito de drogas!" E tudo isso aconteceu, como eu sabia que aconteceria. Mas ocorreu outra coisa que eu não esperava. Eu decidi parar — depois de uma vida fugindo — e me encarar. Fiz muito em cinquenta anos, mas não sei se os havia *vivido* de verdade, porque passei a maior parte do tempo ausente, com medo de estar em mim mesma, convencida de que não merecia as glórias e tentando, freneticamente, consertar os fracassos.

Como cheguei até aqui? Este livro aberto é a minha história.

PARTE I
SUSTENTAÇÃO

CAPÍTULO 1

Pode parecer estranho, mas lembro-me da época em que fiquei internada no hospital de Merced, Califórnia, quando tinha 5 anos, como um período meio mágico. Sentada no leito com minha camisola rosa felpuda, esperando as visitas diárias — médicos, enfermeiras, meus pais —, eu me sentia completamente confortável. Já estava lá havia duas semanas e estava determinada a ser a melhor paciente que eles já viram. Ali, no quarto limpo e iluminado, tudo parecia sob controle: havia rotinas confiáveis impostas por adultos. (Na época, havia um sentimento de admiração em torno dos médicos e enfermeiras: todos os reverenciavam, e estar no meio deles parecia um privilégio.) Tudo fazia sentido: eu gostava de saber que havia uma maneira de me comportar que gerava respostas previsíveis.

Fui diagnosticada com nefrose renal, uma patologia com risco de morte sobre a qual muito pouco se sabia — havia sido estudada apenas em alguns casos com meninos. Basicamente, é uma doença retentiva, caracterizada por uma falha do sistema de filtragem. Lembro-me de ter ficado aterrorizada quando meus genitais incharam, mostrei à minha

DEMI MOORE

mãe e vi sua reação: puro pânico. Ela me colocou no carro e me levou às pressas para o hospital, onde fiquei por três meses.

Minha tia lecionava na quarta série, e toda a turma tinha feito cartões de melhoras em cartolina com giz de cera e marcadores, que meus pais me entregaram naquela tarde. Fiquei empolgada com a atenção — crianças mais velhas, as quais eu não conhecia. Mas, quando olhei para os cartões coloridos, vi o rosto dos meus pais. Pela primeira vez, senti o medo deles de que eu não superasse.

Estendi o braço, toquei a mão da minha mãe e disse: "Tudo vai ficar bem, mamãe."

Ela era uma criança também. Tinha apenas 23 anos. Minha mãe, Virginia King, era uma adolescente de 45kg quando engravidou de mim, logo depois do ensino médio, em Roswell, Novo México. Ela era uma garotinha. Teve um trabalho de parto lancinante que durou nove horas que a deixou inconsciente no último minuto, pouco antes de eu vir ao mundo. Não foi a primeira experiência ideal de apego para nenhuma de nós.

Havia uma parte dela que não era lá muito pé no chão, o que significava que ela era capaz de pensar fora da caixa. Ela teve uma infância pobre, mas sua mentalidade era o oposto — não *pensava* como alguém desprovido de recursos financeiros. Queria que tivéssemos o melhor: nunca permitia marcas genéricas em casa — nem de cereal, manteiga de amendoim ou sabão em pó. Ela era generosa, expansiva, acolhedora. Sempre havia espaço para mais um na mesa. E acreditava em viver de um modo descontraído — sem se ater muito a regras.

Conforme crescia, via que Ginny era diferente — não se parecia com as outras mães. Posso imaginá-la no carro nos levando para a escola, fumando um cigarro e passando a maquiagem — perfeitamente — com a outra mão, sem sequer se olhar no espelho. Ela era muito bonita; atlética e trabalhara como salva-vidas no parque estadual de Bottomless Lakes, perto de Roswell. Também era surpreendentemente atraente, olhos azuis brilhantes, pele pálida e cabelos escuros. Era meticulosa com sua aparência, não importavam as circunstâncias: em nossa viagem anual à casa da minha avó, fazia meu pai parar na metade do caminho para colocar os modeladores nos cabelos e deixá-los perfeitos quando chegássemos à cidade. (Minha mãe chegou a cursar estética, embora não tenha seguido carreira.) Ela não era um ás da moda, mas tinha um instinto para combinar o visual. Sempre procurava o que era glamouroso — ela tirou meu nome de um cosmético.

Ela e meu pai eram um par magnético e sabiam se divertir; sempre encantavam os outros casais. Meu pai, Danny Guynes, que não era nem um ano mais velho que minha mãe, sempre teve um brilho astucioso nos olhos, com um ar de que tinha um segredo que instigava a curiosidade alheia. Ele tinha uma boca bonita, dentes brancos e brilhantes contrastando com a pele morena, parecia um Tiger Woods latino. Era um aventureiro encantador, com um baita senso de humor. Nada monótono. O tipo de cara que vive no limite — sempre se safando de alguma coisa. Era muito machão, páreo para o irmão gêmeo, que era maior e mais forte e se tornara fuzileiro naval, mas ele foi rejeitado por causa do estrabismo, que também tenho. Era a especificidade que compartilhávamos; para mim, significava que víamos o mundo da mesma forma.

Ele e o irmão gêmeo eram os mais velhos de nove filhos. Sua mãe, que era de Porto Rico, cuidou de mim por uns tempos quando eu era bebê. Ela morreu quando eu tinha 2 anos. Seu pai era irlandês e galês, cozinheiro da Força Aérea e alcoólatra irremediável. Ficou conosco quando eu era criança, e lembro que minha mãe não me deixava ir sozinha com ele ao banheiro. Mais tarde, houve boatos de abuso sexual. Como eu, meu pai foi criado em uma casa cheia de segredos.

Danny se formou em Roswell High um ano antes de Ginny, e, quando foi para a faculdade, na Pensilvânia, ela ficou insegura — ainda mais quando descobriu que ele tinha uma "colega de quarto". Então, adotou a postura que manteve durante todo o relacionamento quando se sentia ameaçada: começou a sair com outro cara para deixá-lo com ciúmes. Ela ficou com Charlie Harmon, um jovem bombeiro cuja família se mudara do Texas para o Novo México. Ela até se *casou* com ele, embora tenha durado pouco, pois o romance teve o efeito desejado: papai voltou correndo. Ela se divorciou de Charlie, e meus pais se casaram em fevereiro de 1962. Nasci nove meses depois. É o que sei.

QUANDO AS PESSOAS OUVEM "caso de ufologia de Roswell", pensam em homenzinhos verdes, mas ninguém falava sobre OVNIs na minha casa. A Roswell da minha infância era uma cidade militar. Tínhamos a maior pista de pouso dos EUA (serviu como pista de apoio para o ônibus espacial), na base Walker Air Force, que fechou no final dos anos 1960. Além disso, havia pomares de nozes, campos de alfafa, uma loja de fogos de artifício, uma fábrica de empacotamento de carne e uma da Levi's. Estávamos enredados em Roswell, parte do tecido da comunidade. E nossas famílias estavam entrelaçadas, tanto que minha prima DeAnna também é minha tia. (Ela é sobrinha da minha mãe e se casou com o irmão mais novo do meu pai.)

Mamãe tinha uma irmã muito mais nova, Charlene — que chamamos de Choc —, que foi líder de torcida na escola. Ginny assumiu a função de supervisora e eu me tornei a mascote mirim do time. Ela levava a equipe toda ao drive-in, escondendo as meninas no porta-malas do seu carro, onde todas se amontoavam em uma pilha de risos. Eu me sentia como uma das garotas crescidas — com suas artimanhas. Elas me vestiam com um uniforme combinando e Ginny arrumava meu cabelo. Nas competições escolares, eu era a grande revelação: correndo com minha roupinha azul-pólvora, completando a apresentação com a marca registrada que me ensinaram, o clássico gesto obsceno com o dedo do meio. Foi meu primeiro contato com a arte, e me diverti em cada segundo. Adorava ver o quanto isso deixava minha mãe feliz.

LIVRO ABERTO

Naquela época, meu pai trabalhava com publicidade para o *Roswell Daily Record*. De manhã, deixava para minha mãe um maço de cigarros e uma nota de dólar, que ela gastava na loja da esquina para comprar uma Pepsi grande, a qual fazia durar o dia inteiro. Meu pai foi forçado ao sucesso: dava um duro danado, mas também perdia a linha — às vezes, além dos limites. Saía para farrear com um dos meus tios, e eles faziam o tipo bebedores briguentos. (Lembre-se: eles só tinham 20 anos.) Não era incomum que meu pai voltasse para casa muito machucado depois de alguma confusão. Ele adorava brigar e adorava ver as pessoas brigando. Quando eu era bem pequenininha, meu pai me levava para assistir a lutas de boxe locais. Lembro-me de ter cerca de 3 anos e estar de pé em uma cadeira olhando para o ringue. Perguntei ao meu pai: "Para qual cor de calção eu torço?", vendo dois homens se esmurrarem. Esse era o nosso momento de união.

Meus pais não eram muito afeitos à verdade, por assim dizer, mas acho que papai sentia prazer em engambelar os outros. Por exemplo, ele ia pagar uma conta e dizia ao cara do caixa: "Vamos apostar, o dobro ou nada." Era seu lado jogador, sempre procurando se safar do que podia. Eu não entendia bem a situação, mas a imprudência dele me deixava ansiosa. Minha guarda estava sempre levantada, alerta, esperando alguém ficar com raiva. Tenho uma vaga lembrança de um homem que apareceu em nossa casa, batendo na porta, quando eu tinha 4 anos, e de como fiquei aterrorizada por não saber o que estava acontecendo ou o motivo, mas sentindo o medo no ar. Provavelmente, era alguém que meu pai havia enganado. Ou talvez ele tenha dormido com a esposa do cara.

Eu tinha quase 5 anos quando meu irmão, Morgan, nasceu, e logo quis protegê-lo. Eu sempre fui mais forte que ele. Agora, ele é um cara grandão — tem 1,90m — e forte, mas era pequeno quando criança, e tão delicado que pensavam que ele era uma menina. Ele era um bebê agitado, e mamãe era conivente: "Dê ao bebê o que ele quiser!" era seu mantra. Lembro-me de que, em uma longa viagem para visitar minha tia em Toledo, quando Morgan tinha cerca de 2 anos, meus pais, no banco da frente, me passaram uma garrafa de cerveja, que fui dando a ele até chegarmos ao nosso destino, como se fosse mamadeira. Nem preciso dizer que, quando saímos do carro, ele já tinha parado de gritar.

Não estou dizendo que eu era a irmã perfeita — apelidei Morgan de *"Butthole"* [algo como "c*zão"] (meu passatempo preferido era torturá--lo prendendo-o, peidando na mão e colocando no seu nariz). Mas, desde o início, ficou claro que eu precisava cuidar dele — de nós dois, na verdade, porque nossos pais não eram exatamente protetores. Uma vez, quando Morgan tinha 3 ou 4 anos, ele estava de pé no encosto do sofá, olhando pela janela e pulando, e me lembro de dizer para minha mãe: "Ele vai cair e se machucar!", e foi assim que aconteceu, óbvio. Tentei pegá-lo, mas era muito pequena. Amorteci a queda dele, mas não deu para impedi-lo de abrir a cabeça na mesa de café. Foi como uma cena de um filme: minha mãe pulando e gritando: "Não se mexa!", envolvendo a cabeça sangrando em uma toalha para levá-lo ao hospital. Ele fraturou o crânio e, por um longo tempo, depois que o costuraram, ele parecia o Frankenstein.

Logo depois que ele nasceu, saímos de Roswell e fomos para a Califórnia, a primeira de uma série de mudanças que marcaram nossa infância. Minha mãe descobriu que meu pai estava tendo um caso; então, fazia o que aprendeu com a mãe dela para quando o marido pula a cerca: afastava-o do "problema". Não ocorria às mulheres da minha família que, se você levasse seu marido traidor com você, o problema a acompanharia aonde quer que fosse.

Para a maioria das pessoas, só a ideia de se mudar já é um grande passo. Tudo tem que ser alterado; é preciso encontrar um novo lugar; há o aborrecimento e o estresse de reformular a vida e encontrar novo médico, lavanderia, supermercado — sem mencionar que seus filhos vão para novas escolas e precisam descobrir a rota do ônibus, e assim por diante. Demandaria muita reflexão, preparação e planejamento.

LIVRO ABERTO

Não era assim com a gente. Meu irmão e eu calculamos que, durante toda a infância, frequentamos pelo menos duas novas escolas por ano, e, muitas vezes, até mais. Demorei muito para perceber que este não era o padrão de todo mundo. Quando ouço pessoas falarem que têm os mesmos amigos desde a infância, nem consigo imaginar como é.

Não éramos preparados para lidar com as mudanças. Sentíamos que algo estava acontecendo, como se um plano estivesse sendo traçado, e a próxima coisa que eu sabia é que pegaríamos a estrada em um veículo em tons de terra como muitos que nossos pais tiveram ao longo dos anos: o Maverick ferrugem, o Pinto marrom, o Ford Falcon bege. (Eram novinhos em folha, exceto o estimado Chevy Bel Air azul-bebê 1955 do meu pai.) As mudanças sempre nos eram apresentadas como uma necessidade: papai era tão bom no que fazia — e *era* — que precisavam dele em outro jornal, em outra cidade. Nosso dever era apoiá-lo. Naqueles primeiros anos, mudar não parecia grande coisa nem algo difícil. Então, era exatamente o que fazíamos.

FUI HOSPITALIZADA por causa dos rins pela segunda vez com 11 anos, e, coincidentemente ou não, logo após um dos casos do meu pai. É claro que, na época, eu não entendia o que era uma traição, mas me pergunto se as crises nos rins não eram a forma de o meu corpo expressar o que acontecia em nossa casa. Foi paliativo, mas, pelo menos por um tempo, colocou o foco de volta em nossa família.

Ironicamente, naquele momento, as coisas pareciam estar extraordinariamente no lugar: havíamos voltado para Roswell alguns anos antes, e foi como voltar para casa. Morávamos em uma linda casa de fazenda de três quartos. Eu tinha meu próprio quarto, com uma cama de dossel rosa e uma colcha combinando. Morgan dividia o quarto com o irmão mais novo do meu pai, George. (Ele morava conosco desde que eu tinha 5 anos — por mais itinerantes que meus pais fossem, o acolheram sem hesitar quando minha avó paterna morreu, e ele não tinha outro lugar para ir. Era como um irmão mais velho.) Fizemos amizade com as quatro crianças que moravam do outro lado da rua e circulávamos entre as duas casas sem problemas — foi a primeira vez que ficamos em um lugar por tempo suficiente para fazer amigos dos quais me lembro.

Certo dia, eu estava voltando da escola quando senti um calor estranho se espalhando pelo meu corpo. A pele da minha barriga e das minhas bochechas se apertou. Corri para o banheiro e abaixei as calças para ver meu "biscoito", mas dessa vez eu estava toda inchada.

No Hospital Católico de St. Mary, em Roswell, fui cercada por freiras. Logo me habituei à rotina familiar: elas mediam minha produção de urina e coletavam meu sangue duas vezes por dia — como foi antes de inventarem aqueles pequenos acessos venosos, precisavam enfiar uma agulha nova nas minhas veias a cada vez. Mas, mesmo com as cutucadas e picadas, eu ficava à vontade, sabia que estava sendo cuidada.

Por acaso, na mesma época, Morgan teve que operar uma hérnia, e nos colocaram no mesmo quarto. Eu era a especialista em vida hospitalar e, de qualquer maneira, sua irmã mais velha: enquanto ficássemos naquele quarto, eu estaria no comando. (Porém, discutíamos sobre o canal a que assistiríamos, e isso foi antes dos controles remotos, então, para trocar, precisávamos chamar a freira. Morgan não se importava — tinha 6 anos —, mas eu não queria perder o status de melhor paciente do mundo. Quando ele melhorou, não fiquei triste ao vê-lo partir.)

Quando voltei para a escola, eu ainda precisava testar minha urina regularmente, e era retirada da aula para ir à sala do diretor, para que eles garantissem que eu comesse meu lanche. Estava tão cheia de corticoides que um colega de classe perguntou se eu era irmã da Demi. Eu não me sentia especial como no hospital; me sentia envergonhada e diferente. Não queria que as pessoas me vissem daquele jeito.

LIVRO ABERTO

Cheguei a ficar aliviada quando nossos pais disseram que nos mudaríamos de novo. Descobri mais tarde que minha mãe encontrou um pentelho ruivo na cueca do meu pai enquanto lavava a roupa, e, depois que eles brigaram, chegaram à fatídica conclusão de que havia apenas uma coisa a fazer: mudar. Mais longe do que o habitual dessa vez, para o outro lado dos Estados Unidos: Canonsburg, na Pensilvânia.

Aquele foi um grande passo. Nossos pais se sentaram conosco e nos preparam, o que mudou o tom da coisa toda. E daquela vez seria até com caminhão de mudança. Lembro-me de enchê-lo com nossas camas, o sofá verde, as perdizes de cerâmica de mamãe e a mesa de café em que Morgan bateu a cabeça. Quando terminamos de fazer as malas, não achamos que havia espaço suficiente para todos nós na cabine do caminhão. Minha mãe falou meio brincando para eu me sentar no chão do carona, aos pés dela. Aceitei a oferta. Foi divertido: estendi um cobertor e um travesseiro e fiz minha própria caverna. Foi uma viagem muito longa, prolongada por uma nevasca tão forte que papai teve que encostar, porque não via a estrada. Fiquei perto do aquecedor, então me sentia confortável e segura.

CANONSBURG ERA MUITO diferente, em termos culturais, do Novo México e da Califórnia. Éramos uma típica família sulista, e Canonsburg era bem ao norte. (O sotaque de minha mãe sempre foi forte, mudar nunca o suavizou; Morgan fazia uma ótima imitação dela pedindo "uma Coca grande e um borito", ou seja, um *burrito*.) Foi particularmente difícil para o meu irmão, que era mais introvertido e muitas vezes sofria provocações. Eu era mais durona, mais briguenta. Meu mecanismo de enfrentamento era vascular todas as situações novas como um detetive: Como isso funciona aqui? Pelo que as pessoas se interessam? Quem são meus possíveis aliados? Do que devo ter medo? Quem detém o poder? E, claro, o grande problema: Como posso me encaixar? Eu tentava decifrar o código, descobrir o que tinha que fazer, e dominá-lo. Essas habilidades se tornariam essenciais mais tarde.

Ficamos em um complexo de moradias em uma área montanhosa, com um lago que congelava no inverno, o que significava patinar no gelo. Morgan aprendeu a andar de bicicleta. Eu tinha 11 anos e adorava ginástica, e estava à beira da puberdade. Estava desesperada para ter seios; toda noite, deitava na minha cama e rezava para tê-los logo.

Eu não era mais criança, mas minha mãe insistia em que ainda precisávamos de uma babá; não confiava em mim para cuidar de Morgan sozinha. Ela contratou a irmã mais velha de uma das minhas colegas de classe — vamos chamá-la de Corey —, que era muito mais desenvolvida e madura do que eu. Fiquei de mau humor quando ela chegou, evitando-a. Na manhã seguinte, Corey reforçou a humilhação, falando alto no ônibus escolar: "Demi ainda precisa de babá."

Ainda sinto o calor da vergonha correndo meu corpo. Fiquei furiosa por minha mãe ter me colocado naquela posição. Lembro-me de me sentir tão exposta que pensei que seria possível até morrer.

Eu não deixaria isso definir minha passagem pelo Canonsburg Elementary. Não precisava de babá. Precisava de um namorado.

Escolhi o mais atraente da classe: um loiro de olhos azuis com cabelos desgrenhados chamado Ryder. E, em muito pouco tempo, dei a volta por cima, desfilando pela escola segurando a mão dele. O que foi incrível — por um período.

ENQUANTO EU LIDAVA com o início da adolescência, o casamento dos meus pais se desfazia. Nunca soube qual foi o catalisador do rompimento em Canonsburg, mas as coisas começaram a desmoronar naquela primavera.

Uma noite, quando meu pai estava sentado na cozinha, com o habitual fardo de cerveja Coors, ouvindo James Taylor, decidiu limpar sua arma. Lembro-me de como ele estava naquela noite, quando bebia, seu estrabismo se acentuava, e sua aparência parecia vidrada. Ele não percebeu que havia uma bala na agulha. Quando disparou, abriu um buraco na parede, e a bala raspou em sua testa. Foi sangue para todo lado. Depois que a bagunça foi arrumada, minha mãe riu, mas, por dentro, tenho certeza de que ficou aterrorizada. Está além do meu entendimento pensar em alguém se embebedando com uma arma carregada em uma casa com crianças correndo pelos arredores.

Outra noite, naquela primavera, acordei com o som de vozes angustiadas e comoção. Fui ao quarto dos meus pais, onde encontrei minha mãe se debatendo e chorando enquanto meu pai lutava para segurá-la. Ao lado da cama, vi um frasco de comprimidos amarelos. "Me ajuda!", ele gritou quando me viu na porta. Andei em direção a eles em transe, sem saber — mas, de alguma forma, sabendo — o que eu estava testemunhando: minha mãe tentando se matar.

A próxima coisa de que me lembro é de usar meus dedos, os pequenos dedos de uma criança, para tirar de sua garganta as pílulas que ela tentou engolir, enquanto meu pai a segurava e me orientava. Algo muito profundo dentro de mim mudou desde então. De vez. Minha infância tinha acabado. Qualquer sensação de que eu poderia contar com qualquer um dos meus pais se evaporou. Naquele momento, com os dedos na garganta da minha mãe suicida, que se agitava como um animal selvagem, e ouvindo meu pai gritando instruções para mim, deixei de ser alguém de quem eles pelo menos *tentavam* cuidar para ser alguém que esperavam ajudá-los a lidar com o próprio caos.

CAPÍTULO 2

Era o começo dos anos 1970, e minha mãe fez o mesmo que todos os outros: foi a um terapeuta. Ela queria buscar ajuda e melhorar. Queria se encontrar! A aura do movimento das mulheres pairava pela cultura da época, e tínhamos uma vizinha feminista da qual minha mãe ficou amiga, e que provavelmente apresentou Ginny a algumas das ideias e frases de efeito da libertação das mulheres. Mas, em seu estado frágil, minha mãe ficou sugestionável: depois de ver *O Exorcista*, passou por uma fase de cristianismo carismático. Ela me levava para celebrações em uma igreja católica nas quais os frequentadores tocavam músicas de George Harrison e dançavam em dashikis.

Ela estava tentando descobrir quem era. Às vezes, eu a "ouvia" conversando com nossa vizinha na mesa da cozinha sobre suas lutas. (Eu era curiosa, meus pais brincavam que eu "não queria perder um peido". Mas, olhando para trás, vejo que o que eu fazia era patrulhar o caos. Minha mãe tinha acabado de tentar se matar; eu tinha que ficar em alerta máximo.) Ela reclamava que meu pai não a apreciava e das privações de sua infância. Eles eram tão pobres que, em um Natal, ela ganhou de presente sua boneca velha com roupas novas. Para ela, aquela boneca simbolizava a escassez de sua educação — a falta do dinheiro, do carinho e da atenção que cresceu desejando. Ouvi essa história muitas vezes.

Senti a dinâmica mudar em nossa casa. Por anos, minha mãe suportou as traições do meu pai e era completamente dependente dele, financeira e emocionalmente. É triste dizer, mas, após tentar se matar, ela recuperou um pouco de poder: mostrou a ele que era capaz de deixá-lo. Infelizmente, mostrou também a nós, seus filhos, que era capaz de nos deixar.

Minha mãe estava repetindo a própria história familiar. Sua primeira experiência de amor masculino foi do mesmo tipo que meu pai, "encrenqueiro, carismático e paquerador". Meu avô materno, Bill King, tinha uma opinião desfavorável sobre meu pai quando minha mãe começou a sair com ele, no ensino médio, mas os dois tinham muito em comum. Vovô era um mulherengo sedutor e alheio a regras que tocava baixo em uma banda country. Era muito durão: uma vez, teve uma dor de dente e não tinha dinheiro para ir ao dentista, então foi ao banheiro com uma lâmina de barbear e arrancou o próprio dente. Vovô teve uma morte selvagem, para combinar com sua própria vida: uma noite, estava bebendo enquanto dirigia seu amado El Camino azul e o atirou direto para baixo de um caminhão em movimento. Ele foi decapitado.

Eu tinha 10 anos quando ele morreu. Lembro-me dele como um homem grisalho, bonitão e rude, as mãos fortes manchadas de óleo de motor. Era dono de um pequeno posto de gasolina, no qual meus primos e eu adorávamos brincar. Quando minha mãe era jovem, ele ficou sem trabalhar por um longo tempo depois que sofreu um acidente de trabalho em uma obra, como operário. Minha avó teve que sustentá-lo e as três filhas que eles tinham na época — minha mãe e suas irmãs mais velhas, Billie e Carolyn. Obviamente, essa não era a vida que minha avó Marie esperava. Estava determinada a ir para a faculdade.

LIVRO ABERTO

Crescendo na fronteira entre o Texas e o Novo México, em um lar pentecostal estrito, foi a primeira pessoa da família a concluir o ensino médio. Mas acabou se tornando uma jovem esposa e mãe que trabalhava em período integral para sobreviver. Ela vivia no aperto.

A interpretação que minha mãe fez da indisponibilidade da minha avó era que ela, Ginny, não merecia amor. Era uma criança magrela e doente, que sempre fora negligenciada — nunca havia dinheiro suficiente, amor suficiente, como se ela fosse alguém irrelevante. Nunca lhe ocorreu que minha avó simplesmente não era capaz de zelar por ela da maneira que precisava. Ginny não conseguia se colocar no lugar de Marie e imaginar como tinha sido para *minha avó* quando jovem viver com um marido traidor, por quem desistira de seus sonhos, ter que sustentar uma família sem a vantagem da qualificação ou da formação — e cuidar de três crianças pequenas, ainda por cima.

Minha avó Marie foi de longe o adulto mais confiável na minha vida. Ela foi criada em uma fazenda de sorgo, em Elida, Novo México, na década de 1930, e tinha a competência prática do dia a dia da fazenda. Ela era forte, coerente e confiável. Porém, apesar de todas as suas qualidades, acabou ensinando à minha mãe — que, por sua vez, me ensinou — alguns estranhos mecanismos de enfrentamento. Sempre que o vovô era infiel, ele convencia a vovó Marie de que as *mulheres* eram o problema. Depois de um caso, ele a convenceu de que eles precisavam se mudar para se afastar da mulher que supostamente o perseguia, então eles foram para Richmond, Califórnia, onde minha mãe nasceu. Quando Ginny tinha cerca de 12 anos, depois que voltaram para Roswell, um dia ela chegou em casa mais cedo da escola e viu o pai na cama com a esposa do irmão dele. A reação dele foi gritar com minha mãe — culpou a própria filha pela situação. Ele tinha sido seu porto seguro até então, ela o venerava. O relacionamento deles nunca mais foi o mesmo depois disso.

DEMI MOORE

CERTA TARDE QUENTE DE VERÃO em Canonsburg, Ginny disse alegremente que eu deveria me apressar e me arrumar; iríamos para um hotel. Não fazia sentido, mas fiquei entusiasmada com seu entusiasmo quando ela enfiou Morgan e a mim dentro do carro e nos levou a um hotel próximo, com muita madeira clara, onde tudo era arejado e limpo. Minha empolgação virou frustração e ansiedade quando ela nos disse que ficaríamos lá porque ela deixou papai para ficar com o psiquiatra, Roger. Eles estavam apaixonados, ela explicou. Roger estava pagando pelo quarto, e nos mudaríamos com ele para a Califórnia, onde construiria uma casa de vidro para morarmos. Ela até nos mostrou a planta.

A ideia foi muito bem vendida. Ela apresentou seu novo plano de forma perfeitamente razoável e certa, sem cogitar que os filhos poderiam sofrer, ficar com medo ou confusos com a separação dos pais. Em parte, ela estava muito envolvida em sua fantasia para considerar nossos sentimentos, mas também me pergunto se, em algum nível, ela sabia que isso não chegava nem perto de ser o fim de seu relacionamento com meu pai.

Roger era um cara alto, loiro, de olhos azuis e óculos de armação de metal que crescera no norte da Califórnia. Claramente, não era um dos terapeutas mais éticos. É triste pensar que minha mãe foi até ele buscando ajuda: ela o via como a resposta para todos os seus problemas, um homem sério e educado que poderia dar outro rumo à sua vida. Em vez disso, encontrou mais um cara para complicá-la. Ele lhe receitou estimulantes e calmantes, mas duvido que ela seguisse as recomendações de dosagem. As pílulas, junto com o álcool que ingeria, a tornaram mais imprevisível do que nunca.

Meus pais começaram a seguir o fluxo da separação. Minha mãe foi morar com Roger e alternávamos entre ficar com ela no hotel e com meu pai no apartamento. Algumas semanas depois, ele nos disse que faríamos uma viagem. Lá fomos para Ohio, visitar um casal de tios em Toledo. Só que ele não contou à minha mãe. Da perspectiva dela, todos tínhamos desaparecido. (Só fico imaginando a impotência e o pânico que ela deve ter sentido.) Papai disse a nossos parentes que ela nos abandonou para ficar com Roger sem dizer uma palavra, que não tinha ideia de como encontrá-la, e acreditaram nele. Morgan e eu estávamos tão acostumados com situações esdrúxulas que nem sei se pensamos em questionar a situação, ou se nos perguntamos por que Ginny não estava ligando e conferindo se estava tudo bem. De qualquer forma, nos distraímos, nossos tios levaram a nós e a nossos primos ao Grand Ole Opry, em Nashville. Para mim, a atração principal era Minnie Pearl, que tinha sempre uma etiqueta de preço pendurada no chapéu.

Nada disso aconteceria agora, é claro, na era de celulares, Instagram, e-mail e FaceTime, mas era fácil desaparecer nos anos 1970. Meu pai fez disso uma especialidade. Quando ficávamos em um local por tempo suficiente para as contas começarem a aparecer na porta, ele escrevia "falecido" ao lado do nome no envelope e o devolvia aos Correios. Lembro-me de que ele comprou um micro-ondas da Sears — quando parecia uma invenção milagrosa — e fez Morgan assinar quando o entregador o levou à nossa casa. Meu pai, então, disse à Sears que não pagaria porque a assinatura de uma criança não era legalmente vinculativa. Ele deu golpe em várias lojas, de todo tipo de coisa, com esquemas como esse; ele era um cara criativo. Se um dos meus pais usasse sua inteligência para algo construtivo, acredito que teriam tido muito sucesso. Eles tinham potencial, mas não tinham as ferramentas para seguir um caminho positivo. E grande parte de sua energia estava concentrada em sabotagem e autossabotagem — acho que tratamos as pessoas que amamos da maneira que acreditamos, no fundo de nossa alma, que nós mesmos merecemos ser tratados.

Naquele verão em Toledo, meu pai não tinha ideia de como ficar sozinho conosco. Sempre me senti conectada a ele, mas ele estava tão retraído que era impossível me sentir próxima. Ele nos amava, com certeza. Mas não nos sequestrou porque estava determinado a passar um tempo de qualidade com os filhos ou porque estava com medo de Ginny nos levar para a Califórnia e nunca mais nos ver. Acho que nos-

DEMI MOORE

so tempo em Ohio foi apenas um jogo de poder da interminável luta de amor e ódio dos meus pais — e suponho que ele tenha vencido essa rodada: de alguma maneira, até o final do verão, convenceu minha mãe a perdoá-lo por sequestrar seus filhos, e voltamos para a Pensilvânia para eles se darem outra chance.

Tudo seria diferente. Estávamos nos mudando, é claro, para uma casa maior, em outra cidade da Pensilvânia, chamada Charleroi, a 50km de Pittsburgh. Foi um grande passo em todos os sentidos. Uma casa moderna e espaçosa, pintada de verde-abacate, com pé-direito alto e eletrodomésticos novos que minha mãe amava. O encanamento precisava de reforma, mas papai era bom nisso: fez Morgan sentar-se no banheiro enquanto soprava a fumaça do cigarro pelos canos para gritar qual era a torneira quente e qual era a fria com base em onde a fumaça saía.

De todos os lugares em que moramos, acho que essa foi a casa que mais se aproximava da fantasia de minha mãe de como deveria ser a vida. Diferentemente de Marie, as aspirações de Ginny eram convencionais; ela queria ser uma linda esposa e mãe adorada pelo marido, com um bom lar. E ela *tornou* todos os lugares a que íamos lares agradáveis. Ginny tinha um talento especial para decorar, conseguia dar um jeito em todas as casas em que morávamos quase assim que chegávamos: costurava cortinas, arrumava os móveis e as bugigangas que recebia de uma empresa chamada Home Interiors, fazendo as coisas parecerem familiares, como se sempre tivéssemos vivido lá. Mas, na Casa Verde, como eu e meu irmão a chamávamos, ela se superou. Aquela casa era a personificação de suas ambições domésticas. Até consegui um cachorrinho. Infelizmente, ele urinou na porta do armário do meu pai e eu levei uma "surra" de cinto. (Mas não chorei. Nunca, nunca chorei, não importava o que acontecesse.) O cachorrinho foi devolvido.

Claro, nada foi diferente, de fato, em Charleroi. Só mudava o endereço. Danny jogava e bebia em excesso. Ele era um excelente jogador

LIVRO ABERTO

de bilhar e, quando tinha sorte, convencia um tolo desavisado a apostar contra ele, dizendo que o venceria com um olho coberto. Então, Danny cobria o olho estrábico, com o qual mal conseguia enxergar mesmo, e tirava todo o dinheiro do outro cara.

Ele nem sempre se dava bem. Perdia muito dinheiro jogando pôquer e chegava em casa furioso, bêbado e zerado. A certa altura, meu pai recorreu a um agiota da máfia para cobrir suas perdas e ficou em dívida por anos. Ele já estava trabalhando com esse pessoal a fim de influenciar as eleições locais para candidatos favorecidos pela máfia e outras coisas de baixo nível como esta. Por mais indireto que o envolvimento do meu pai fosse, ainda era perigoso. Ele entrou em um tiroteio em frente a um bar em Charleroi uma vez. Em outra ocasião, minha mãe foi com uma amiga a um pub da cidade e foi flagrada por um mafioso que ligou para meu pai e disse a ele que as mulheres da máfia não podiam sair sozinhas, não era certo.

Enquanto isso, comecei a sétima série, que em Charleroi fazia parte da gigante e aterrorizante escola secundária. Como sempre, eu era a garota nova. É possível que toda a adaptação que tive que fazer tenha me levado a ser atriz: era meu trabalho retratar qualquer personagem que eu pensasse que seria mais popular em todas as novas escolas e em todas as novas cidades. Eu identificava as pessoas admiradas e as estudava em busca de pistas: As garotas descoladas usavam shorts apertados ou calças boca de sino? Como era o sotaque? O que eu precisava fazer para ser aceita? Era melhor tentar me destacar ou me misturar? Passariam décadas até me ocorrer que eu poderia ser quem realmente sou, não a pessoa que imaginava que outras pessoas queriam ver.

Nem preciso dizer que, sempre que eu começava a ter uma ideia de um lugar, para decifrar como eu poderia me encaixar nos esportes, na cena social ou em quais aulas eu poderia me sair bem, era hora de ir. Geralmente, sem muito aviso ou qualquer tipo de plano lógico.

DEMI MOORE

NÃO SEI QUAL DAS ATIVIDADES ilícitas do meu pai provocou essa briga em particular — se foi outra infidelidade ou se ele ficou muito bêbado e perdeu a noção —, mas uma tarde, quando eu estava fazendo minha lição de casa, com o fundo musical dos meus pais brigando a plenos pulmões, ouvi minha mãe gritar: "Chega dessa merda!" Ela entrou no meu quarto e disse a Morgan e a mim para pegarmos nossas coisas e entrarmos no carro; nós voltaríamos para Roswell.

Isso não era nada fora do comum, é claro: éramos bastante eficientes em fazer as malas a essa altura, e estávamos acostumados a pegar a estrada por horas a fio enquanto minha mãe fumava pela janela. Mas voltar para Roswell era um afastamento da rotina exaustiva de recomeços do zero. Segundo entendíamos, Roswell era estar em casa. Era de onde viemos, onde tínhamos família e história e uma compreensão da cultura e da comunidade. E havia a vovó Marie, a quem eu chamava de "mãe" quando menina, e que era, de várias maneiras, o único adulto em quem realmente confiava. Ficar com ela tranquilizava, protegia. Quando chegamos à casa dela, sentimos um alívio só de estar lá.

Mesmo com vários estados entre eles, meus pais conseguiram manter o drama explosivo. Os telefonemas gritados começaram quase assim que chegamos — a voz do meu pai era tão alta do outro lado que parecia que ele estava na sala. Minha mãe andava pela casa soluçando em histeria, enquanto eu tentava desviar dela. Morgan escapou em seus projetos: desmontar e recolocar o motor do aspirador de pó, desmontar o despertador para ver como funcionava. Quando minhas tias apareciam, eu percebia que trocavam olhares entre elas durante as explosões e bebedeiras de minha mãe. Pela primeira vez, me senti constrangida por ela. E eu tinha vergonha de me sentir assim.

Ginny queria que eu ficasse do lado dela e dissesse a todos como meu pai tinha sido terrível, mas eu não conseguia. Com exceção da jogatina, sentia que eles eram igualmente culpados pelo caos em nossas vidas. Agora que eu tinha idade suficiente, via como minha mãe era

LIVRO ABERTO

infantil em comparação com minhas tias — quão raramente assumia a responsabilidade por si mesma e como seu padrão era culpar a todos os outros: meu pai, minha avó, σ_uem quer que fosse. Pouco a pouco, comecei a me afastar dela. Com minha avó por perto, eu não precisava acatar a loucura da minha mãe só para sobreviver.

Então, na previsível tarde em que Ginny disse que voltaríamos a morar com o meu pai, eu não me levantei e comecei a fazer as malas, como sempre. Papai tinha conseguido um novo emprego no estado de Washington, ao norte de Seattle, Ginny disse a mim e à minha avó, e o plano era voltar para ele na Pensilvânia e depois nos mudarmos juntos, como uma família, para o outro lado do país.

Olhei para minha avó. Olhei para minha mãe. E então, falei: "Eu não vou." Ginny não me deu uma razão boa o suficiente para voltar a morar com o homem que passara incontáveis horas difamando para sua família ou com quem brigava por telefone. Eu estava cansada de situações insensatas. Pouco importava o que pretendiam fazer, eu não queria participar. Minha mãe tentou me convencer, mas viu que eu estava irredutível. Ela pegou Morgan e voltou para Charleroi sem mim.

Naquele verão, comecei a fazer ginástica no YMCA, onde fiz minha primeira melhor amiga, Stacy Welch. Minha avó me matriculou na melhor escola pública de Roswell no outono — morávamos longe, mas ela me deixava todas as manhãs na casa de Stacy, e íamos a pé até o ônibus ou a Sra. Welch nos levava à escola. Entrei para a equipe de líderes de torcida. De repente, passei a viver como uma pessoa normal, como todo mundo. Foi ótimo.

Depois que Ginny chegou a Washington com meu irmão, comecei a ser pressionada: "Você precisa vir aqui, é lindo, você vai amar!" E uma parte de mim achava que *eu tinha que ficar com meus pais* — como um dever. Mas por quê? Eu estava bem.

Minha avó cuidava de mim com uma atenção que eu nunca havia experimentado. Ela se certificava de que eu fizesse minha tarefa, escovasse os dentes e fosse dormir cedo. Ela me deixou pintar meu quarto de amarelo brilhante porque eu amava o Piu-piu. Ela se atentava a tudo na minha vida, incluindo os amigos que fazia na escola. Quando eu ia ao cinema, ela me buscava ou, se estivesse trabalhando, providenciava que alguém o fizesse. Nunca fui largada de pé na esquina esperando alguém que não viria. Os desastres diários da vida com meus pais eram inexistentes. Basicamente, recebi da minha avó a versão que minha mãe sempre desejou ter.

Depois que meu avô morreu, minha avó passou por um período prolongado de luto. Por quase dois anos, todos os dias, quando chegava em casa de seu emprego no escritório de uma empresa de análise imobiliária, ficava deitada no sofá da sala com as luzes apagadas. Então ela conheceu um cara adorável chamado Harold e reencontrou o amor. Eles tinham uma programação regular, então a minha se encaixava: nas noites de terça e sábado, saíam para dançar, então eu ia a uma festa do pijama na casa de alguma amiga ou alguém ia dormir comigo. Quarta-feira era a visita certa da vovó Marie ao salão de beleza e, quando ela terminava de arrumar o cabelo, depois do trabalho, saíamos para jantar, só nós duas, em um dos locais habituais: o restaurante mexicano, a lanchonete Furr ou o chinês. O itinerário de Roswell.

Foi um período de segurança, uma época em que vi o que pais poderiam — deveriam — ser e um exemplo no qual eu me espelharia quando me tornasse mãe. E, no entanto, comecei a ficar inquieta. A essa altura, eu já estava condicionada a não ficar no mesmo lugar por muito tempo. Não tinha experiência em seguir adiante, não tinha bússola para as dificuldades — ou as recompensas — do compromisso. Sempre me perguntei como seria minha vida se eu tivesse permanecido em Roswell. Eu teria que trabalhar no desenvolvimento e na manutenção de amizades, que sempre foram descartáveis. Eu teria que

LIVRO ABERTO

definir metas para mim, o que nunca fiz, porque não ficávamos em um lugar por tempo suficiente para cumpri-las.

Nada disso aconteceu. Eu tinha aprendido a desejar extremos: era como se precisasse dessa essência. Permaneci seis meses em Roswell. Então, voltei para a casa dos meus pais.

CAPÍTULO 3

Eu estava há apenas dois meses em Washington quando minha família decidiu que nos mudaríamos, desta vez, para o sul da Califórnia — e com pressa. Talvez fosse por causa de uma amante, talvez estivessem se esquivando de um cobrador, ou o cabeça da máfia do Noroeste do Pacífico tivesse descoberto o paradeiro do meu pai. Ou simplesmente fugíamos de Roger, o terapeuta. Minha mãe roubou seu cartão de crédito e o usamos para pagar nossa viagem à Califórnia.

Em algum momento ao longo das 19 horas de carro até Redondo Beach, meu pai foi espancado; seu rosto estava inchado e ferido, e ele ficou com um olho roxo. Ele estava horrível, ainda me lembro de seu rosto machucado ao volante. Seguindo o silêncio que cercava todos os aspectos desagradáveis da vida da minha família, não haveria explicação nem discussão.

Uma vez instalados no novo local, em Redondo Beach — um apartamento perto do mar, em um complexo rústico estilo fazenda —, minha mãe dizia para eu falar que meus pais não estavam em casa se alguém ligasse. Eles passavam a perna na companhia telefônica, na elétrica e nas operadoras de cartão de crédito, e davam variações de seus nomes, como "Virginia King", o nome de solteira da minha mãe, ou os primeiros nomes do meu pai, "Danny Gene". Meus pais até alugaram nosso apartamento no nome de meus tios DeAnna e George, este, irmão mais novo do meu pai, que morava perto de Los Angeles.

Tudo veio à tona quando George e DeAnna decidiram se mudar para nosso condomínio e descobriram que, graças aos meus pais, eles já estavam lá. Não me lembro de ficarem particularmente irritados com isso; eles simplesmente assumiram os nomes dos meus pais para fins de locação própria. Ter minha tia e meu tio por perto foi um alívio. Quando minha mãe e meu pai perdiam ainda mais o controle, George e DeAnna preenchiam as lacunas, nos davam carona, nos alimentavam, nos ouviam quando tínhamos problemas. Eles me levaram ao meu primeiro show, do Aerosmith, em 1975. (Eles queriam ficar na arquibancada, minha amiga e eu estávamos loucas para ir ao gramado, onde a ação ocorria. Durante "Sweet Emotion", lembro-me de um estranho ter me dado uma garrafa de rum, quando fui beber, DeAnna impediu.)

Em meados dos anos 1970, o sul da Califórnia era diferente de qualquer lugar em que já estivéramos. Eu estava na sétima série — na minha terceira escola naquele ano —, e todo mundo que era descolado, usava jeans Dittos, fumava cigarros e maconha. Eu me aproximei de uma menina chamada Adrien, que tinha longos cabelos loiros: a definição da garota californiana. Ela era minha mentora em se comportar mal, tendo me apresentado aos destilados e ao Marlboro Vermelho.

Fui pega fumando na escola e mandada para a diretoria. Fui suspensa. Fiquei horrorizada. Eu nunca tinha tido problemas; até então, a necessidade de me encaixar não tinha exigido mau comportamento. Minha mãe foi me buscar e ficamos caladas no caminho de casa. Então ela tirou um cigarro de seu maço, o agitou e me disse: "Vá em frente."

LIVRO ABERTO

Em vez disso, peguei um dos meus. Ela estendeu a mão e o acendeu, e nunca mais conversamos sobre isso.

Isso marcou o início de uma nova etapa em nosso relacionamento. Eu tinha apenas 13 anos, mas, quando perguntei a Ginny se eu podia ir com amigas a uma boate no Valley, nos arredores de LA, ela disse: "Claro, pega o carro. Se for parada pela polícia, basta dizer que está dirigindo sem a permissão de seus pais." Aprendi a dirigir em Roswell, mas não conhecia o Valley. Eu não conhecia a estrada. Não era experiente em dirigir à noite. De alguma forma, cheguei ao meu destino, com duas amigas — que têm sorte de estar vivas. A partir de então, eu era designada regularmente para executar tarefas familiares com o carro. "Lembre-se, não sabemos que você está dirigindo", dizia Ginny. Era conveniente para meus pais, mais uma maneira de se safarem.

Meus pais não estabeleceram limites para mim porque nem eles conheciam isso. Eles estavam bebendo mais do que nunca e tomando Percodan, Valium e Quaaludes, cujas receitas meu pai conseguiu em farmácias diferentes, usando diversos pseudônimos. Ele se vestia como se fosse a uma festa, com boca de sino e costeletas longas. Fazia até permanente nos cabelos.

Quanto à minha mãe, ela ficava agressiva quando misturava remédios e álcool, e meus pais eram expulsos de restaurantes e bares por isso. Minha mãe começava uma briga com outros clientes ou perdia a paciência com meu pai e começava a quebrar a louça. Uma vez, quando não gostou da forma como a conta foi entregue, tirou o salto fino e o usou como arma contra a garçonete.

De algum jeito, em meio às farras, minha mãe conseguiu um bom emprego como contadora em uma distribuidora de revistas de um homem chamado Frank Diskin. DeAnna também foi trabalhar para ele, e, de repente, minha família tinha dinheiro — particularmente, minha mãe. Frank lhe dava bônus de luxo: um casaco de vison e até o símbolo

DEMI MOORE

máximo de status para uma garota do Novo México da época, um Cadillac Seville amarelo-claro. E nos mudamos para a melhor casa que ocupamos, em Marina del Rey, com Frank Diskin pagando o aluguel.

Por que esse cara estava disposto a gastar tanto com sua contadora? DeAnna lembra que sempre que minha mãe estava sozinha com Frank no escritório dele, a porta ficava trancada.

DESDE O INCIDENTE em Canonsburg, quando minha mãe tentou se matar, inconscientemente, eu esperava outro desastre — outra situação devastadora e sem sentido que eu não conseguia controlar e que acabaria com a minha vida já abalada. Chegou sem aviso o dia em que, quando voltei da escola, vi que meu irmão, meu pai e quase todos os vestígios deles haviam desaparecido. "Onde está o Morgan?", perguntei à minha mãe. "Cadê o papai?" Não foi novidade meu pai desaparecer, mas meu irmão? Ela deu de ombros. "Seu pai e eu estamos nos divorciando", falou. "E ele só aceitou se pudesse levar Morgan."

Fiquei atordoada. Não sei o que foi pior, perder meu irmão, meu pai ou descobrir que meu pai não suportaria se afastar de Morgan, mas tudo bem me abandonar.

"Você e eu vamos nos mudar para West Hollywood", Ginny me informou. "Encontrei um apartamento na Kings Road." Frank Diskin estava fora de cena. Como minha mãe e DeAnna contaram, o fisco estava atrás do meu pai por anos de impostos atrasados, e, quando o encontraram, ele delatou Diskin em troca de sua liberdade. Basicamente, ofereceu ao governo o mesmo acordo que ofereceu a tantos outros: o dobro ou nada.

Havia apenas um problema. Perder Diskin significava perder nossa relativa prosperidade. Minha mãe e DeAnna estavam desempregadas e minha família não seria capaz de ficar em nossa casa na Marina. Minha mãe ficou furiosa, e acho que foi a gota d'água para convencê-la de que seria melhor sem meu pai. Evidentemente, meu pai também havia atingido um ponto de ruptura: antes de partir, cortou o lindo casaco de vison de Ginny em pedaços.

Eu ainda estava abalada quando minha mãe me levou para ver nossa nova vizinhança. Ela estava em um episódio de mania, apontando todos os bares, cinemas, lojas e restaurantes. O complexo onde moraríamos era enorme, mas o apartamento era pequeno, um quarto para nós duas, uma cozinha americana e uma pequena varanda com vista para a piscina. Era como se tudo na minha vida tivesse diminuído: minha casa e minha família.

AGORA, QUE ÉRAMOS só nós duas, minha dinâmica com Ginny mudou. Era mais como se fôssemos irmãs do que mãe e filha. Eu já estava acostumada a viver sem regras ou limites, mas *parecíamos* colegas. Eu estava ficando adolescente, e Ginny basicamente se vestia como uma, de minissaia e blusa decotada. Ela se arrumava toda vez que saía. Escolheu um prédio onde havia muitos solteiros e divorciados, e fez amizade com um de nossos vizinhos, Landi, que a acompanhava aos bares.

Da nossa varanda, eu costumava ver uma garota linda indo à piscina, nadando e pegando sol, ficando cada vez mais bronzeada. Ela era a criatura mais radiante que eu já vira, uma atriz alemã alguns anos mais velha do que eu, chamada Nastassja Kinski. Tornei-me sua amiga e assistente.

O diretor Roman Polanski levou Nastassja e a mãe para os EUA para que ela melhorasse seu inglês e sotaque no estúdio de atuação de Lee Strasberg. Polanski queria que Nastassja estrelasse *Tess*, um drama romântico que ele faria, baseado no romance de Thomas Hardy, e estava disposto a adiar o filme até que ela estivesse pronta. Era a esse

DEMI MOORE

ponto que ele apostava nela, o que certamente fazia sentido para mim. Na minha visão, ela era perfeita.

Ela era a pessoa mais serena e *equilibrada* que conheci. Era muito resolvida sexualmente, sem julgamento ou desconforto, com total confiança e simplicidade. Em toda a minha vida, conheci poucas pessoas iguais a ela. Nastassja tinha apenas 17 anos, mas já havia participado de quatro filmes. Sua carreira estava em ascensão em Hollywood, e recebia regularmente roteiros de diretores que queriam trabalhar com ela. Foi aí que entrei. Nastassja sabia falar inglês bem, mas não sabia ler, então me pedia para ler os roteiros em voz alta para que os escolhesse.

Ela me encarava com seus enormes olhos verdes, ouvindo atentamente e, quando eu terminava de ler um roteiro, sabia exatamente o que falar, tinha total clareza em suas opiniões. Fiquei tão deslumbrada por sua confiança e seu senso de decisão quanto por sua beleza e sua sensualidade. E eu via o efeito que aquela combinação de tirar o fôlego tinha sobre outras pessoas: como eu, ficavam impressionadas com sua confiança, sua liberdade e seu poder — embora eu duvide que tenha entendido como poder na época, pois o conceito era inimaginável para mim. Eu não sabia definir o que era, mas queria ter também.

Talvez a mãe de Nastassja fosse ainda menos confiável que a minha. Coube a ela, aos *12* anos, sustentar os pais. Eu ainda não era responsável financeiramente pela vida da minha mãe, mas entendia o sentimento de ter que proteger a pessoa que deveria proteger você. Emocionalmente, parecia que era meu trabalho manter Ginny viva. Era uma coisa triste, mas poderosa, que Nastassja e eu tínhamos em comum. Por um tempo, fomos muito próximas.

Decidi seguir o exemplo de Nastassja — eu queria fazer o que ela fazia, e, se isso significava atuar, que fosse. Aprendi assistindo, observando e me perguntando: *Como essa pessoa faz isso? O que é preciso*

LIVRO ABERTO

fazer para isso funcionar — você precisa de um agente? (Veja bem, não é *Eu quero ser atriz*, mas, sim, *Como faço isso acontecer?*) Eu ia com Nastassja a suas aulas de dança, tentando imitar sua graciosidade, e uma noite ela me levou para jantar com Polanski. Ele me procurou e me convidou para jantar uma segunda vez, meses depois, e fui com minha mãe. Ele foi um cavalheiro perfeito nessas duas noites, mas fora condenado por fazer sexo com uma garota de 13 anos. (Vi essa dinâmica ao meu redor. Treze foi um pouco extremo, mas, no meu mundo, acredite ou não, o relacionamento com meninas menores de idade era a norma.) Ele esperava a liberdade condicional, mas o juiz estava irredutível. Diante da prisão, Polanski fugiu dos EUA apenas alguns dias após o segundo jantar. Ele acabou filmando *Tess* na França; o filme recebeu três Oscars e Nastassja ganhou um Globo de Ouro.

Fiquei desapontada quando ela se mudou do condomínio. Passariam duas décadas antes de nos revermos — inesperadamente, no almoço regular de domingo de Elizabeth Taylor. Quando nos abraçamos, foi como voltar ao lar. Nós nos conhecíamos de uma maneira que ninguém mais entenderia.

MEU PAI ESTAVA morando com Morgan em Redondo Beach, e fomos visitá-los — ele não deixou meu irmão ir até nós. Ginny estava ao volante do Cadillac amarelo que conseguira surrupiar de Diskin, com Landi sentado no banco de trás. Eu me sentei no banco do carona, explicando a Landi o complexo relacionamento dos meus pais, que captei após anos bisbilhotando. Por exemplo, por vasculhar a caixa de metal à prova de fogo na qual os documentos ficavam, eu sabia que minha certidão de nascimento era datada de 11 de novembro de 1962 e que a certidão de casamento dos meus pais era de fevereiro de 1963 — o que, a princípio, supus ser um erro, deveria ser fevereiro de 1962, nove meses antes de eu nascer. Mas, desde então, percebi que é muito difícil ter erro nesse tipo de coisa. Obviamente, Ginny demorou para se divorciar daquele Charlie, com quem estava quando meu pai estudava, para se casar com meu pai, que a engravidou de mim e...

Eu parei. Virei-me para minha mãe. E da minha boca saíram as seguintes palavras: "É ele o meu pai de verdade?" Em algum lugar aqui no fundo, eu já sabia a resposta.

Ela retrucou: "Quem lhe disse isso?" Ninguém tinha me dito.

Não precisava.

Uma enxurrada de perguntas veio à minha mente. *Quem mais sabe disso?* Todo mundo, como descobri: todos os meus primos, até os mais novos, sabiam que Danny não era meu pai biológico. Pensei em todas as vezes que disse a eles como éramos parecidos, como herdei o estrabismo, meu amor por comida picante, e eles ficavam lá, me olhando, sabendo que eu não tinha nem noção, iludida. *Por que nunca me contaram?* "Porque seu pai não queria que você soubesse", disse Ginny. "Ele fez todo mundo prometer, porque achava que seu sentimento por ele mudaria."

Dez minutos depois, estávamos no impessoal apartamento de dois quartos de estuque do meu pai. Minha mãe largou a bomba assim que entramos pela porta: "Demi sabe." Logo depois, ela pegou um drinque com uma das mãos e um cigarro com a outra, parecia estar entusiasmada com o drama da situação — o poder que isso lhe dava para magoá-lo.

Ele evitou me olhar. Parecia anestesiado. Eram só 13h, mas ele provavelmente acabara com um fardo de cerveja antes de chegarmos.

Ninguém me questionou se eu estava bem ou se tinha perguntas. Nenhum dos meus pais parecia se importar com o que essa revelação significava para mim.

LIVRO ABERTO

Eles entraram no quarto e continuaram brigando, ou talvez tenham começado a transar... para eles, essa linha era tênue.

Eu me senti exposta e estúpida, e, de alguma forma, suja. Então, fiz o que eles tinham me ensinado a fazer quando a situação se complicava. Entrei no carro e fui embora. Não para sempre, não ainda. Eu não tinha para onde ir, então voltei para o apartamento da minha mãe. Mas foi como um treino para partir.

CAPÍTULO 4

Não muito tempo depois que a bomba explodiu, fui visitar minha tia Choc, em Amarillo, Texas. Disse a ela que sabia sobre meu pai. "Já era hora", respondeu-me. Ela sempre gostara do meu pai biológico, Charlie, me contou, e tinha boas lembranças do tempo que passou com ele e minha mãe. "Bem, ele mora no Texas", acrescentou. "Podemos tentar falar com ele." Ela ligou, e, no dia seguinte, ele apareceu à sua porta. Eu não sabia o que sentir ou como me comportar. Ele era um estranho, mas era meu pai. Era bonito, com cerca de 1,80m, cabelos castanhos, provavelmente uns 35 anos. Procurei o que tínhamos em comum. Eu *realmente* tinha herdado meu estrabismo do meu pai — *desse* pai. Ele ficou arrasado quando minha mãe o deixou, me disse, e sempre quis me conhecer.

Eu tinha 14 anos e não estava preparada para lidar com essa situação. E só piorou, pois Ginny apareceu. Nunca satisfeita em deixar o drama se desenrolar sem ser a protagonista, entrou em um avião no segundo em que Choc lhe disse que Charlie nos visitaria. Quando ela chegou, se trancou no quarto com ele. Passei o dia inteiro bolando baseados e fumando compulsivamente, agindo como se estivesse bem e não precisasse de nada.

Charlie, por outro lado, estava empolgado e me convidou para visitá-lo e conhecer meus avós e meios-irmãos. Alguns meses depois, voei para Houston e ele me pegou no aeroporto — com a amante. Ele a deixou no caminho para irmos ver meus avós, que estavam felizes em me conhecer; eles sempre quiseram, disseram. Como soube depois, minha avó Marie lhes enviava algumas fotos, sabendo o quanto isso significaria para eles. Fiquei lá naquela noite.

A esposa de Charlie ficou insegura — com razão, ele me apresentou à amante primeiro — e relutou em me conhecer. Fui à casa deles no dia seguinte, para conhecê-la e a meus meios-irmãos — um deles, de um casamento anterior, era uma versão masculina minha. Foi estranho. Não sabia como me encaixava nem por que estava lá. Fui embora com o sentimento claro de que Charlie podia ser meu pai biológico, mas Danny era meu pai.

A justificativa para manter esse segredo foi que Danny temia que, se eu descobrisse, meus sentimentos por ele mudariam. Mas a realidade foi que, após eu saber, *ele* se afastou de *mim*. Mesmo antes de sua separação de minha mãe, ele ficou distante, e voltou a beber e a usar drogas. E, é claro, uma vez que decidiram se divorciar, era sem meu irmão que ele não poderia viver, não sem mim. Porém, após minha descoberta, nosso relacionamento se deteriorou. Ele parou de fazer qualquer esforço para me ver, parou de me ligar. Ao nos encontrarmos — quando minha mãe e eu fomos visitar Morgan —, mal olhou para mim, e seus abraços foram estranhos e forçados. Ele apenas... se foi.

DESCOBRIR QUE mentiram a vida inteira sobre algo tão profundo também não foi bom para o meu relacionamento com minha mãe. A confiança, já frágil, que tínhamos foi destruída quando percebi que ela ficou grávida de mim quando ainda estava com Charlie, e então inventou uma mentira mais conveniente do que a verdade. Mas, como toda criança que já foi decepcionada várias vezes pelos pais, eu tinha a esperança irracional de que minha mãe mudasse e se tornasse alguém com quem eu pudesse contar.

Em vez disso, uma tarde, quando cheguei em casa, da escola, encontrei-a esparramada na cama, cercada por frascos de comprimidos vazios. Lembro-me de chamar uma ambulância em uma espécie de transe inerte, um estado dissociado que se tornaria cada vez mais familiar para mim com o passar dos anos, no qual eu deixaria meu corpo e *agiria* sem estar realmente presente. Uma ambulância nos levou ao hospital para fazer lavagem estomacal. Todos no prédio viram a chegada dos paramédicos e minha mãe sendo retirada do apartamento em uma maca. De alguma forma, fiquei ao mesmo tempo envergonhada, anestesiada e aterrorizada.

Minha mãe sobreviveu a esse incidente. Mas suas falsas tentativas de suicídio tornaram-se uma ocorrência regular, uma rotina. Sempre apareciam equipes socorristas com suas sirenes e macas, e lá íamos fazer lavagem estomacal novamente. Ela não queria morrer, estava pedindo socorro e queria atenção. Muitas vezes, suas overdoses aconteciam após algum tipo de interação devastadora com meu pai. O homem que eu considerava pai.

Eu vivia alerta, ansiosa. Nunca sabia o que encontraria quando entrasse no apartamento. A autodestruição da minha mãe era ilimitada, narcisista e irrefreável. E, no entanto, desenvolvi escudos; eu me consolava com minha capacidade de lidar com as crises dela e com a certeza de que eu conseguiria suportar o que quer que acontecesse. Nunca senti que desmoronaria, nunca disse para ninguém: "Não aguento mais." Eu podia superar qualquer coisa que ela lançasse contra mim:

se tentasse se matar, se eu tivesse que arrancá-la de um bar, se me dissesse que Danny não era meu pai. Eu sobreviveria, não importaria a quê. Mas sobreviveria em estado de alerta. E então, quando as crises ocorriam, eu era mecânica, agindo, porém inerte.

Todo mundo sabia sobre minha mãe no condomínio em que morávamos, é claro, e, em resposta, adotei uma personalidade implacável e autossuficiente. Minha personagem estava sozinha, sem restrições de toque de recolher ou regras. Toda vez que eu dizia: "Minha mãe não se importa se eu..." ou "Posso fazer o que eu quiser...", sustentava essa liberdade duvidosa, mas também sentia seu vazio. Não sentia empatia por Ginny. Aos 14 anos, percebi que o egocentrismo e as "tentativas de suicídio" me prejudicavam.

Sua autodestruição acelerada deu uma urgência às minhas tentativas de ser o oposto dela. *Sou diferente*, dizia a mim mesma. *Eu não sou assim*. Mas a insegurança me cutucando se intensificava.

Eu era a garota cuja mãe estava sempre tentando se matar. A garota que fora abandonada por *dois* pais. De repente, meu estrabismo parecia uma manifestação física óbvia da verdade sobre mim: eu estava *à margem*, e todo mundo sabia. Fiz uma cirurgia pouco antes dos 15 anos para corrigi-lo, mas, em minha mente, eu continuava marcada como fragmentada.

Tudo isso coincidiu com a puberdade. Minha transformação de uma criança magrela e estrábica em uma jovem que os homens desejavam foi confusa. O desenrolar da minha sexualidade se relacionava ao nível mais profundo de vergonha. Demorou décadas até eu conseguir começar a separar as coisas.

COMECEI A ME APROXIMAR de dois vizinhos de andar que eram muito simpáticos comigo. Eles eram mais velhos, na casa dos 20 e poucos, mas eu achava que poderia impressioná-los e me igualar agindo de maneira mais divertida e madura do que eu realmente era. Eu ficava sozinha no apartamento da minha mãe, e, às vezes, eles me visitavam, ficávamos no corredor ou passávamos o tempo na casa deles.

Uma noite, eu estava no apartamento deles bebendo cerveja e todos estávamos flertando. Foi divertido no começo, eu ainda era bastante inocente, descobrindo o efeito que eu tinha sobre os caras. Mas não estava preparada para as consequências. Um deles investiu, e o outro desapareceu. Era evidente o que ele queria de mim o tempo todo, e, de alguma forma, senti que eu não tinha escolha, que era meu dever corresponder — como se eu fosse obrigada a cumprir sua expectativa só porque ele a tinha. Culpei-me por agir de forma provocativa e mais madura.

Depois, fiquei com a sensação vazia de estar sendo usada. Conheci um novo tipo de solidão.

GINNY NÃO SE INTERESSAVA pela minha adaptação na nova e vasta escola, Fairfax High, e não se importava com o meu boletim, nem parecia ter ciência de que tal coisa existia. Quando saíamos, era como se fôssemos amiguinhas na cidade. Ela nunca me ofereceu nenhuma orientação; não havia conversas sobre faculdade, por exemplo, ou discussões sobre o meu futuro. Em vez disso, as conversas giravam em torno do quanto a vida a tratara de forma injusta, do que ela havia perdido e de como queria encontrar o tipo de relacionamento que merecia.

Por um tempo, ela conseguiu, quando se envolveu com um cara legal chamado Ron Felicia, dono de um estúdio de gravação. Eles tinham um relacionamento aparentemente saudável, e ele a equilibrou pelo curto tempo em que ficaram juntos. Por alguns meses, até fomos morar com ele. Não precisei mudar de escola, embora não me importasse — não estava envolvida em nada na Fairfax High. A essa altura, estava indiferente a toda a cena do ensino médio e só queria que acabasse. Consegui fazer poucos amigos entre os milhares colegas de classe. (Sinto muito por não ter cruzado com Flea ou Anthony Kiedis, que estudavam na Fairfax na época, mas de quem só fui me tornar amiga décadas depois — embora duvide seriamente de que eu fosse legal o suficiente para ser da turma deles.)

Ron me apresentou um cara que era um tipo de agente de garotas bonitas. Era difícil conseguir trabalho, porque eu era inexperiente e menor de idade: Helen Hunt, Jodie Foster — pessoas assim atuavam desde muito jovens. Eu observava a indústria do entretenimento de uma perspectiva externa e, como sempre fiz, aprendi com o método "acredite até que se concretize". Eu adoraria dizer que o que me motivou foi o fascínio pelas peças que fiz na escola ou a emoção de atuar em papéis clássicos no teatro. Gostaria de dizer que foi assim que comecei a atuar, mas, na verdade, Hollywood era como mais uma escola que eu tinha que desvendar, mais um sistema para manipular. Perscrutei aos poucos, tentando entender como funcionava. Levaria anos para eu ganhar a vida como atriz, mas esse primeiro agente me conseguiu um pequeno papel em um programa de TV chamado *Kaz*, interpretando uma prostituta de 13 anos. Meu grande primeiro texto que possibilitou meu cartão do SAG[1] foi: "Fifty dollars, mister." [Cinquenta dólares, senhor.]

Por mais que minha mãe quisesse um relacionamento com um homem gentil, e Ron Felicia fosse assim, ela não conseguia mantê-lo. Então, se sentiu compelida a arruiná-lo, e conseguiu — de maneira dramática — quando Ron chegou em casa e a encontrou na cama com meu pai. Ron ficou furioso, deu um soco em Danny e expulsou minha mãe de casa. Ela e eu nos mudamos às pressas para um pequeno estúdio em Brentwood, próximo à Sunset — sempre passo por ali e sinto aflição.

---

[1]   N. da T.: *Screen Actors Guild*, o sindicato dos atores norte-americano.

LIVRO ABERTO

Sempre havia homens. Ginny e eu chamávamos muita atenção deles quando saíamos juntas à noite. Lembro-me de estar sentada no bar do Carlos 'n Charlie, um restaurante mexicano da moda em West Hollywood. Ela estava bebendo demais e paquerando os caras. Sempre que eu reconhecia seu olhar embriagado e sinuoso, me encolhia. Um dos homens mordeu a isca e veio até nós. "Vocês são irmãs?", perguntou. (Era a pergunta favorita de Ginny.) Ela sorriu. "Esta é minha filha." O homem insistiu em que ela não tinha idade suficiente para ser minha mãe. E, realmente, não tinha, ela era uma mulher de 34 anos com uma filha de 15. Ela riu de satisfação quando ele me secou.

Eu estava começando a me ressentir do meu papel de companheira de bar; parecia que ela me usava como isca para atrair esses homens — e como sua motorista, embora eu nem sequer tivesse habilitação.

Quando olho para trás, acho surreal que nunca tenhamos sido pegas, mas, naquela época, Ginny era livre-docente em desafiar expectativas (e probabilidades). Para alguém que estava por um fio, todos os apartamentos em que moramos, apesar de pequenos, eram limpos, e geralmente novos e em bairros seguros. Nunca ficamos na miséria. Talvez ela continuasse o jogo que fazia com meu pai, trapaceando os proprietários com pseudônimos, mas, seja qual for o motivo, nos primeiros dois anos após a separação dos meus pais, nos mudamos sete vezes. Uma foi por uma questão de segurança, depois que um cara com quem ela namorou ficou irritado. Cheguei em casa da escola um dia e encontrei todos os fios elétricos cortados e um cheiro de urina impregnado em nosso apartamento. Ele apareceu e marcou todos os cantos do lugar, como um cachorro.

O estresse de fugir de apartamento em apartamento contribuiu, tenho certeza, para a instabilidade da minha mãe e para a minha ansiedade. Uma noite, quando cheguei em casa tarde, ela estava esperando na porta. "Onde estava? Você sabe que deveria estar em casa às 23h", gritou. *Em casa às 23h?* Ela nunca mencionou toque de recolher nem perguntou onde eu estava ou para onde ia. Quando lhe dei uma réplica "dona da verdade", ela levantou a mão para me bater. Não aguentei. "Como ousa de repente tentar ser mãe?", gritei com ela. "Você só pensa em você! Portanto, não finja que se importa comigo e com que horas chego em casa." E, em vez de ela me dar um tapa, eu dei um nela. Foi bom. Ela nunca mais levantou a mão para mim de novo.

O PIOR EFEITO COLATERAL de todas aquelas mudanças foi a minha educação. Quando voltei para a Fairfax, a fim de me matricular no segundo ano do ensino médio, após nossa curta passagem por Brentwood, não havia nenhuma vaga disponível, pelo menos, não para mim. Eu precisava compensar os créditos, explicou a escola, e as vagas já estavam todas preenchidas. Por que ninguém me contou sobre essa defasagem, eu não tinha ideia. Talvez não se importassem, ou talvez eu não me importasse.

As opções que a Fairfax me apresentou foram: fazer cursos sem créditos, como aulas de direção, ou mudar para uma escola especial "continuada" vinculada à Fairfax e frequentada por crianças desajustadas ou que tinham problemas com drogas ou dificuldades de aprendizagem. Eu não me encaixava em nenhuma dessas categorias, mas esta foi a escola que escolhi e me surpreendi ao gostar dela e me sair muito bem lá.

Uma coisa era clara: eu tinha que descobrir uma maneira de me sustentar para poder começar a levar minha vida e escapar da imprevisibilidade doentia da minha mãe. E foi exatamente isso que a escola continuada ofereceu. Entrei em um programa chamado "four and four" [quatro e quatro], que englobava quatro horas de aulas e quatro de trabalho remunerado, pelas quais você ganhava crédito. Meu primeiro emprego, que consegui por meio de uma amiga da escola, foi em uma agência de cobranças. Minha voz ligeiramente rouca me fazia parecer mais velha, e toda tarde eu telefonava e ameaçava as pessoas a pagarem, senão... Ficava esperando minha mãe e meu pai aparecerem nas listas de chamadas.

Era bom ter meu próprio dinheiro e não precisar depender da minha mãe, e isso me permitiu me matricular em uma aula de teatro — o que acabou sendo minha salvação.

CAPÍTULO 5

Apesar das dificuldades financeiras, de tempos em tempos, minha mãe ia com as amigas aos locais populares de Los Angeles, como o Le Dome, onde Jackie Collins sempre ia almoçar com as amigas. Estávamos lá uma noite quando um homem que parecia ter uns 40 anos chegou à nossa mesa e se apresentou como Val Dumas. Ele disse que se gostávamos do Le Dome, deveríamos ir ao restaurante dele, Mirabelle, algum dia. Parecia ter ascendência do Oriente Médio. Lembro-me de pensar que ele parecia Bijan, aquele ícone dos anos 1980 que sempre aparecia nos outdoors em um smoking divulgando seu perfume. Val era um homem alto e elegante, com um ar de superioridade ou dinheiro — ou ambos —, vestia uma camisa macia de botão, calça bem passada e mocassins italianos. Conversou conosco por um tempo e, quando minha mãe não conseguia encontrar as chaves do carro, se ofereceu para nos levar em casa em seu Mercedes marrom, mas insistiu que eu me sentasse ao lado dele no banco do carona.

Almocei com ele no Mirabelle pouco tempo depois. Havia muitas plantas, tinha um clima descontraído e casual da Califórnia, e tudo parecia divertido e inofensivo. Era pleno dia e estávamos em público.

DEMI MOORE

Não questionei por que um homem de meia-idade gostaria de sair com uma menina de 15 anos.

Ele começou a aparecer na minha escola, ficava me esperando no carro depois que minhas aulas terminavam. Era mais fácil não ter que pegar ônibus, e muitas vezes parávamos no Mirabelle e comíamos algo. Eu dizia a mim mesma que ele era como um amigo da família, mas havia algo nele que me deixava um pouco desconfortável — uma sensação perturbadora de que ele nem sempre seria tão prestativo e agradável, uma vaga aflição de que algo estava errado. Comecei a dar desculpas para evitá-lo.

Então, um dia, quando cheguei da escola, ele estava lá — dentro do apartamento, esperando por mim. Fiquei pálida de espanto. "O que você está fazendo aqui?", perguntei. "Cadê minha mãe?"

A sequência exata dos eventos confundia minha mente — os detalhes que me levaram do instante em que abri a porta da frente, me perguntei se minha mãe havia lhe dado uma chave, me senti presa na minha própria casa com um homem que tinha três vezes a minha idade e duas vezes meu tamanho até o momento em que ele me estuprou.

Por décadas, não pensei naquilo como estupro. Encarava como algo que causei, que me sentia obrigada a fazer porque aquele homem esperava isso de mim — eu tinha deixado ele esperar isso de mim. Eu tinha comido no restaurante dele, e ele me levava da escola para casa. Na minha mente de 15 anos, eu merecia o que tinha acontecido.

Não percebia que, como alguém sem orientação ou base, sem senso de valor, alguém que passou a vida inteira se desdobrando para atender às expectativas alheias, eu era um alvo fácil para um predador.

E eu não tinha ninguém para me proteger.

Nos últimos anos, observei com admiração muitas mulheres se pronunciarem sobre suas histórias de agressão sexual — impressionada com sua coragem e com os ataques às suas índoles que inevitavelmente

LIVRO ABERTO

se seguiam. E, no entanto, as pessoas questionam por que as mulheres levam anos ou décadas para contar aos outros o que lhes aconteceu. Tudo o que posso dizer é que quem faz essa pergunta nunca foi estuprado. Quando você é agredido sexualmente, em uma cultura que afirma repetidamente que admitir sua vitimização faz de *você* culpado — faz de *você* uma vagabunda mentirosa que merece ter sua vida analisada minuciosamente para que todos julguem —, adivinhe? Você mantém isso em segredo. E, como acontece com *qualquer* trauma, a negação é uma resposta humana natural. Coisas que não conseguimos enfrentar, assustadoras e desestabilizadoras demais, são suprimidas pela psique até o dia em que *sejamos capazes* de lidar com elas.

Infelizmente, mesmo quando tentamos sufocar a dor em nosso íntimo, ela encontra uma forma de emergir: por meio dos vícios. Da ansiedade. De transtornos alimentares. Da insônia. De todos os sintomas de TEPT e comportamentos autodestrutivos que acometem os sobreviventes por anos a fio. Esses incidentes podem durar minutos ou horas, mas seu impacto dura a vida toda.

MENOS DE UMA SEMANA depois, minha mãe me disse que nos mudaríamos de novo. Fiquei feliz por sair do lugar onde essa calamidade tinha me acontecido — talvez, se eu não estivesse mais cercada pelas paredes daquele apartamento, parasse de me sentir tão nojenta, de me lembrar dele em cima de mim. Mas, para meu horror, Val apareceu com a intenção de nos ajudar na mudança. Sentei-me no banco de trás do Mercedes do homem que me estuprou, minha mãe se sentou na frente, e ele nos levou até o aglomerado de duplex em estilo mediterrâneo perto da La Cienega, onde moraríamos. Agora, não havia lugar seguro, ele poderia me encontrar a qualquer momento.

Senti vontade de vomitar quando saí do carro. Ginny foi mais rápida, levando suas caixas ao apartamento, e, nos segundos em que ficamos sozinhos, Val se virou para mim e disse: "Como é ser prostituída pela própria mãe por US$500?" Eu o encarei sem expressão. Ele repetiu: "Como é ser prostituída pela própria mãe por US$500?"

Nunca vou saber se Ginny aceitou explicitamente os US$500 de Val como pagamento pela permissão para me foder. Talvez fosse mais obscuro do que isso — talvez ele lhe desse algum dinheiro sob o pretexto de ajudar uma amiga, como um empréstimo para a caução do novo apartamento. Pelo que sei, ela o pagava transando com ele. Mas o fato é que ela lhe entregou a chave do apartamento que dividia com a filha de 15 anos. Minhas três filhas já tiveram essa idade: a ideia de dar a um homem adulto, com intenções dúbias, acesso não supervisionado a elas é inconcebível e repugnante. Não é isso o que uma mãe faz.

E o que eu sabia naquele dia — o que sei até *hoje* — é que, embora Val possa ter dado dinheiro a Ginny sem uma discussão clara sobre o que receberia em troca, também é perfeitamente provável que Ginny soubesse exatamente o que ele queria, e é possível que tenha concordado que ele pudesse ter.

"Como é ser prostituída pela própria mãe por US$500?" É como ser órfã.

LOGO DEPOIS QUE nos mudamos para La Cienega, conheci um músico na aula de teatro, um guitarrista chamado Tom Dunston, que estava em turnê com Billy Joel. Ele era um rapaz atraente e carismático de 28 anos, que me fez sentir à vontade de cara. Começamos a sair, e, uma noite, quando estávamos sozinhos, comecei a tirar minhas roupas. Tom me parou. "Você não precisa fazer isso", disse ele. "Podemos só ficar juntos."

Então contei a ele sobre as tentativas de suicídio da minha mãe e sobre ela me usar como isca. Não falei sobre o que aconteceu com Val. Nunca conversei com ninguém sobre isso. Quando conheci Tom, eu

LIVRO ABERTO

já enterrara o ocorrido com o concreto mais grosso que minha psique podia construir. Mas contei a ele sobre todo o resto, e ele ouviu.

Então, quando Tom me convidou para morar com ele, eu concordei. Ele estava me esperando em seu carro quando saí do apartamento de minha mãe, no dia seguinte ao meu aniversário de 16 anos. Nunca mais voltei.

CAPÍTULO 6

Anos atrás, participei de uma aula de educação sexual da minha filha. As meninas foram orientadas a tomar cuidado. Foram alertadas sobre gravidez, herpes e todos os outros perigos do sexo desprotegido. Mas ninguém falou nada sobre prazer. Ninguém lhes contou sobre a intimidade e a lascívia do sexo. Não havia nada para ajudá-las a entender como seus corpos funcionavam, muito menos como amá-los.

O que é um erro. Sinto que, se eu tivesse tido um pouco disso — alguma informação, um pouco de instrução, um senso do que constitui sexo saudável e desejável —, estaria mais bem preparada para me proteger do sexo interesseiro. Eu teria reconhecido contatos prejudiciais ou abusivos, porque teria ideia de que há uma versão do sexo *consensual* e *prazerosa*. Eu poderia não ter assumido tão rápido que, sempre que acontecia uma situação que me fazia sentir terrível, a culpa era minha e significava que havia algo errado comigo. Eu poderia não sentir que, se um homem exigisse sexo de mim, era minha obrigação ceder, porque eu me colocava em uma posição que o fazia pensar que tinha direito a usar meu corpo.

É verdade que eu não tinha exatamente o tipo de apoio parental que me levaria a me valorizar nesse nível. Mas gostaria de ter sido ensinada — por alguém, em algum lugar — sobre o meu corpo, o que era possível em um relacionamento sexual, como considerar meus desejos em vez de ver o sexo como degradante ou algo que eu devia a alguém. Ou como uma maneira de obter validação masculina.

EMBORA TOM DUNSTON tivesse 28 anos, e eu, apenas 16 quando fui morar com ele, tínhamos uma dinâmica surpreendentemente saudável. Ele sempre me tratou com cuidado e respeito. Sua mãe, assistente-executiva de um dos principais produtores de Aaron Spelling — *Vegas* era seu grande programa na época —, me conseguiu um emprego como recepcionista na Twentieth Century Fox, apesar de desaprovar minha vida com o filho e a nossa diferença de idade. (Não era preocupação comigo; era com que eu pudesse arcar com a minha parte das contas.) Mas Tom e eu tínhamos uma rotina estável e confortável, ele me deixava na Fairfax High todas as manhãs, depois eu ia ao trabalho e ele me buscava à noite, para irmos à nossa aula de teatro. Também me levava à cena musical de Los Angeles, que estava explodindo na época: frequentávamos o Troubadour, Starwood, Whisky a Go Go, Madame Wong e víamos pelo menos duas bandas por semana — The Go-Go's, The Knack, The Motels, Billy Idol, The Police. Eu gostava da música e da emoção, não bebia, em parte porque era menor de idade e em parte porque eu via isso como uma forma de diferir da minha mãe.

Por seis meses, acho, quase não tive contato com Ginny. Eu estava com raiva dela por ser um desastre; ela, por eu tê-la "abandonado". Meu pai também estava quase totalmente ausente da minha vida, voltou para Roswell com Morgan, para morar com meu tio Buddy. Mas Tom e eu éramos uma pequena família.

Ainda assim, contra todas as probabilidades, senti falta dos meus pais. Quando minha mãe me pediu para ir com ela visitar minha tia em Albuquerque, não resisti.

LIVRO ABERTO

"Não vá", disse Tom. "Você não pode confiar nela. Não vai ser diferente de antes." Ele deu seu melhor para me avisar — para me proteger. Mas já fazia meses que não via minha mãe.

Tom estava certo, é claro. Poucas horas depois de chegarmos a Albuquerque, minha mãe começou a brigar aos berros com minha tia — não me lembro do que desencadeou isso, mas tenho certeza de que era algo irrelevante, algum desentendimento que poderia ter sido facilmente resolvido com uma conversa calma. "Vamos embora!", gritou Ginny e me disse que íamos para a minha avó, em Roswell. Senti nojo dela e raiva de mim mesma. A viagem tinha sido um erro. Eu só queria voltar para Los Angeles e para minha vida tranquila com Tom.

Ginny não me deu minha passagem de avião. Ficou furiosa por eu não fazer o que ela queria — me acusou de ser uma filha terrível, de pensar que eu era boa demais para ela, de fazer pouco caso. Ela bateu a porta e saiu da garagem da minha tia com raiva. Então, lá estava eu, presa no Novo México e sem dinheiro para voltar para casa. Tive que pedir emprestado à minha tia os US$75 da passagem. Não dá para definir a culpa que senti — por anos — por lhe dever dinheiro. Parecia algo que meus pais fariam, aparecer na casa de alguém e, em vez de agradecer a hospitalidade, pedir dinheiro. Era o oposto de quem eu queria ser.

No dia seguinte, no aeroporto, esperando para voltar para casa, pensei no caos absoluto que meus pais eram e me senti profundamente sozinha. Os pais devem ser uma espécie de bússola para o futuro — orientando sobre o que buscar e o que esperar. Para mim, esse caminho dava em um precipício.

Embarquei e, quando ia entrar no avião, ouvi meu nome. Virei-me e vi um policial se aproximando de mim. "Você é Demi Guynes?", perguntou. Meneei a cabeça, confusa, e ele disse: "Você precisa vir comigo." Ele me pegou pelo braço e me levou, enquanto os outros passageiros ficaram boquiabertos, como se eu fosse criminosa. "Seus pais

DEMI MOORE

estão aqui", disse ele, enquanto me acompanhava até uma pequena sala, onde, com certeza, Ginny *e* Danny estariam me esperando.

Gaguejei: "Que diabos está acontecendo?"

Minha mãe deu um sorrisinho triunfante. "Você tem menos de 18 anos", respondeu com satisfação. "Denunciamos você como fugitiva." Percebi pelo seu jeito de falar que estava bebendo. Meu pai estava tão embriagado que seus olhos estavam vidrados. Virei para o policial que tinha me levado. "Você não vê que eles estão bêbados?", perguntei, furiosa, adrenalina a mil. Acho que nunca senti tanta raiva, a injustiça era demais. Fora a desonestidade! Como se eles se importassem com meu bem-estar! Agindo como se estivessem preocupados, como pais normais! "Você está cometendo um grande erro! Você não sabe o que está fazendo!", falei para o policial. "Não moro com eles há mais de seis meses!" Acho que ele começou a perceber que havia algo de errado. Ginny e Danny provavelmente estavam sentados lá, cada vez mais embriagados, enquanto ele me procurava. De nós três, eu era claramente a coisa mais próxima de um adulto. "Sinto muito", disse o policial em voz baixa. Mas eu *era* menor, e ele não tinha muita escolha.

Então, tive que aturá-los. Aquelas duas pessoas mentirosas, alcoólatras e divorciadas — que, até onde eu sabia, nem estavam se falando — eram meus pais. Eles me ludibriaram e exigiram que eu voltasse para Roswell com eles. A espera pelo avião — enquanto eles continuavam bebendo no bar do aeroporto — parecia interminável.

Depois que aterrissamos, entramos no carro que deixaram no aeroporto de Roswell, mas meu pai estava tão embriagado que foi parado pela polícia no caminho de volta. Inacreditavelmente, ele se safou da multa na lábia. (Meu irmão sempre diz que meu pai venderia gelo a esquimós, e esse incidente era uma prova.) Era madrugada quando chegamos à casa que meu pai dividia com meu tio Buddy, que, ficou evidente, estava tão bêbado quanto ele — Buddy tinha acabado de chegar, depois que os bares fecharam. Morgan não estava lá, e eu não conseguia nem olhar para minha mãe, que mal prestava atenção em mim, só estava interessada em vencer uma luta pelo poder e, uma vez vitoriosa, voltou a se concentrar em si mesma. Em pouco tempo, Buddy e meu pai estavam brigando e cambaleando pela casa, uma situação de violência e caos. Quando vi meu pai sacar a arma e apontá-la para Buddy, pensei: *Basta*. Era muito tarde e o céu estava escuro, sem lua, mas o mundo fora daquela casa era menos assustador. Saí e andei 6km pelas estradas sem iluminação até chegar à casa da minha avó Marie.

Era 1h30. Eu me senti tão mal pela minha avó, por acordá-la no meio da noite, por meus pais obviamente terem pegado dinheiro dela para as passagens a fim de "me salvarem" no aeroporto de Albuquerque, por ela aturar essas pessoas e sua insanidade. Desculpei-me e contei a ela o que tinha acontecido. Ela queria que eu ligasse para Ginny e lhe dissesse onde eu estava, para que meus pais não se preocupassem. "Eles não se importam comigo", falei e, naquele momento, tive plena certeza de que era a verdade.

Quarenta anos depois, não penso mais assim. Eles me amavam. Mas me amavam do jeito que se amavam, da única maneira que sabiam, de forma instável e condicionada. Com eles, aprendi que amor era algo que você precisava lutar para manter. Poderia ser revogado a qualquer momento, por razões que você não entenderia, nem conseguiria controlar. Era assustador precisar e penoso sentir o tipo de amor com o qual cresci. Se eu não tivesse essa dor incômoda, essa ansiedade lancinante em relação a alguém, como saberia que era amor?

CAPÍTULO 7

Tom me levou para ver uma nova banda chamada The Kats; eles eram demais na época. A estrela era um guitarrista de Minneapolis chamado Freddy Moore, que mudou minha vida — ou, pelo menos, meu nome.

Freddy escrevia a maioria das músicas da banda, tocava e cantava. Era absolutamente eletrizante no palco, com seu cabelo loiro desgrenhado, feições acentuadas e olhos azuis selvagens — um artista totalmente magnético. Voltei ao Troubadour para ver a banda de novo, sozinha. Observando Freddy, fiquei impressionada; se eu ficasse com alguém tão cativante, talvez também fosse cativante. Entre os sets, abordei Freddy no banheiro. Em um mês, deixei Tom para morar com ele.

Nossa atração instantânea refletia a espontaneidade e o espírito livre que você sente quando é jovem, tem a vida toda à sua frente e não se concentra nas consequências de suas ações. Infelizmente, quando terminei com Tom, não o tratei nem de perto com a consideração que ele me oferecera, e omiti o fato de que Freddy tinha 29 anos e ainda

DEMI MOORE

era casado com a namorada do colégio, de Minnesota. Quando ele a deixou para ficar comigo, eu só tinha 16 anos. Era uma adolescente egoísta que não tinha sido criada com muito respeito pela instituição do casamento e entrei na vida de Freddy sem, lamento dizer, muita preocupação com a esposa dele. Por outro lado, ele tinha quase o dobro da minha idade e era ele quem era casado. Mas a idade é confusa; durante toda a vida tive relacionamentos em que o poder e a maturidade não eram necessariamente do mais velho.

Fora do palco, Freddy era diferente, quieto, focado e muito disciplinado, todos os dias parava para estudar e compor. Também me incentivava a ser criativa — escrevi uma música com ele chamada "Changing", que ele acabou gravando com Mark Linett, o engenheiro de som que atuou em todas as músicas de Brian Wilson. Os Kats tinham um empresário quando Freddy e eu nos aproximamos, e eles costumavam fazer turnê no velho Chevy Suburban que puxava um trailer com todo o equipamento. Eu ia junto, no Suburban, com os músicos e suas esposas ou namoradas, ou dirigia o velho Volkswagen que comprei, com cadeiras de jardim no banco de trás, um buraco no assoalho e uma pintura precária. Dormíamos tarde e íamos a shows todas as noites.

Larguei a escola. Obviamente, quando deixei Tom, a mãe dele me demitiu. O empresário de Freddy o alertou de que eu poderia estar interessada no dinheiro dele — o que é engraçado, considerando que eles não ganhavam nada —, então fiquei ansiosa para provar que eu podia me sustentar. Quando uma amiga que conheci na cena musical me contou sobre um cara que fazia fotos de nudez e as vendia para revistas no Japão, fiquei curiosa. "Ninguém aqui vê, e você vai ganhar um dinheiro", disse-me ela. "Só minta sua idade." Arrisquei.

Os ensaios ocorriam em um prédio industrial velho e escuro em West Hollywood. Fiquei desconfortável, preocupada em ser confrontada com uma situação ruim, mas havia me comprometido. Cheguei a uma falsa sala de estar cafona com sofás, cadeiras e almofadas. Felizmente, o fotógrafo foi muito profissional, mesmo me incentivando a

LIVRO ABERTO

fazer todo tipo de pose provocativa. Fiquei confortável quando ele me contou sobre uma lei japonesa que proibia que as fotos mostrassem pelos pubianos — eu podia me convencer de que estava apenas fazendo nudez *soft*, o que soava muito melhor. A sessão correu bem, mas me senti estranha. Nunca mais fiz esses nus.

No entanto, eles foram meu ingresso para virar modelo. Logo depois que minhas fotos começaram a circular pelo Japão, recebi outra oferta para fazer algumas fotos para a revista *Oui*. A *Playboy* havia importado a *Oui* da França para atrair um público mais jovem. Era uma revista legítima, e tive que assinar uma autorização, porque era menor de idade, para sair na capa mostrando o decote, mas não podia posar nua para o interior da revista — o que, na minha opinião, era um total alívio.

Tive muita sorte de cruzar com o renomado fotógrafo de moda Philip Dixon nos ensaios. Philip me pediu para trabalhar com ele novamente, posando para um catálogo de roupas de banho que estava fazendo. Fiquei ansiosa, porque não achava que tinha um bom corpo — sem cintura, um pouco de gordura localizada —, mas Philip me deixou linda. Comecei a pensar que talvez pudesse ganhar a vida como modelo, em vez de ter que conseguir um emprego formal para pagar as contas enquanto corria atrás de atuar.

Fiz as fotos para Philip e algumas para a Elite Model Management, e eles me contrataram. Fiquei muito empolgada, apesar de, a princípio, não ter recebido nenhum trabalho importante, apenas pequenos trabalhos locais, como anúncios de lojas de departamento em jornais e o pôster do filme de terror cult *I Spit on Your Grave*. Ganhava o suficiente para me manter.

É engraçado, posar foi a primeira coisa na minha vida que me deu uma amostra do sucesso, que despertou um sentimento de orgulho e profissionalismo em mim, e foi empoderador. Mas, ao mesmo tempo, me jogou em um mundo que parecia feito sob medida para diminuir minha autoestima. Ingressei em uma profissão que focava inteiramente minha aparência e o tamanho da minha roupa, o que reforçou a ideia que absorvi de que meu valor residia apenas na minha atratividade.

Abandonei as aulas de teatro. Era estranho encontrar Tom, e acho que, de certa forma, fiquei aterrorizada com a possibilidade de ouvir: "Você não é boa o suficiente, não pode ser atriz." Para a maioria das pessoas, a audição é a parte mais assustadora. Para mim, era não ser valorizada nas aulas. O modo como fui criada, sempre largando coisas pela metade, também era uma influência — não aprendi a ser perseverante. Hoje, sem dúvida, digo a quem quer ser ator: "Vá estudar! Aprenda, aumente sua confiança, conheça as ferramentas que pode usar, conheça *a si mesmo*."

MEU PAI ESTAVA morando com Morgan, que completara 12 anos, em Oceanside, Califórnia. Freddy e eu fomos vê-los no Natal. Ao parar em frente ao prédio em que moravam, em um apartamento pequeno, deprimente e desinteressante, senti tristeza. Meu pai parecia terrível, tão ruim quanto o cenário. Há pessoas que escondem bem a dor. No meu pai, ela era gritante — no rosto inchado, na postura caída e nos olhos inexpressivos.

Lembro-me de estar sentada à mesa da cozinha no Natal, sentindo o vazio de passarmos o feriado só com meu pai e meu irmãozinho, separados do resto da família. Freddy — que, percebo agora, tinha poucos anos a menos que meu pai — era socialmente desajeitado em geral, e nesse cenário não foi exceção. Era um típico e quieto nativo de Minnesota, com raízes escandinavas: taciturno, pragmático, recessivo. Não é que não se importasse comigo, ele era apenas inexpressivo. Eu era a única naquela mesa que lutava para criar conexão.

Como presente, meu pai me deu um pôster aleatório — algo impessoal, que não tinha nada a ver comigo nem com ele. Ele estava bebendo muito e, portanto, estava bastante ausente, e eu me preocupava com o nível de cuidado que meu pai, naquele estado de fracasso, poderia dar para Morgan. Conversei, nervosa, sobre as diferentes coisas que aconteciam comigo, consciente de que era desconfortável para o meu pai olhar para mim, de que ele não sabia o que dizer.

A coisa mais dolorosa para mim não foi descobrir que Danny não era meu pai biológico, mas que ele era incapaz de me mostrar que me amava independentemente disso. Agora, gostaria que *eu* tivesse estendido a mão para *ele* — o segurado, olhado nos olhos, dito que ele era meu pai desde o início e que seria até o fim, e que eu o amava.

Pouco depois de retornar a Los Angeles, recebi uma ligação dizendo que Danny estava no hospital. Seu fígado havia se rompido. Ele tentara chegar à emergência, mas não conseguiu. Eles o encontraram desmaiado no carro — felizmente, apoiado na buzina —, na entrada do hospital, e o levaram para dentro. Ele se recuperou desse episódio, mas um médico informou que ele era um alcoólatra com pancreatite, então precisava parar de beber imediatamente. Meu pai ficou tão furioso com o médico que ameaçou usar tudo ao seu alcance para arruiná-lo se ele escrevesse isso em seu prontuário. Deve ter sido bastante intimidador, porque o médico voltou atrás no diagnóstico. O médico também disse que ele não poderia mais comer carne vermelha, então papai imediatamente abriu uma conta no açougue local, Morgan me contou mais tarde, e começou a comer o triplo da quantidade de antes. Tudo o que lhe disseram para não fazer, ele passou a fazer em dobro. Estava tentando se matar lentamente. Ele me disse muitas vezes que queria morrer. Quando penso em como deve ter sido para Morgan, aos 12 anos, ouvir isso do próprio pai, o quanto ele queria que sua vida terminasse, fico de coração partido.

De volta ao Novo México, um ano depois, foi Morgan quem o encontrou na garagem, caído no volante do carro com o motor ligado, depois que cometeu suicídio. Ele tinha 36 anos.

Quando recebi a ligação, comecei a chorar. Estava sentada na mesa da sala de jantar com Freddy. Ele não veio me abraçar nem me confor-

DEMI MOORE

tar. Ele não me disse que me amava e que tudo ficaria bem. Continuou sentado e disse calmamente: "Não há motivo para chorar, não há nada que você possa fazer agora. Não vai mudar nada."

O FUNERAL, EM Roswell, foi um pesadelo. Em vez de tristeza compartilhada, havia um campo de batalha — a família do meu pai e minha mãe. Meus pais tinham passado o final de semana antes de ele morrer juntos, e os oito irmãos do meu pai estavam convencidos de que Ginny era culpada por sua morte. Havia várias teorias, desde a especulação de que ela o incentivara, o deixara bêbado em seu carro, sabendo o que aconteceria, até a suspeita de jogo sujo e exagerado, com a família do meu pai ameaçando entregar Ginny à polícia. A situação ficou muito, muito complicada. DeAnna lembra que até seu marido, meu tio George, estava convencido de que Ginny era a responsável.

A verdade é que meu pai provavelmente planejou sua própria morte até o último detalhe. Seu nível de álcool no sangue era tão alto que sua morte teve que ser considerada acidente — ele estava bêbado demais para a seguradora classificá-la como suicídio. Consequentemente, foram obrigados a pagar uma pequena indenização, que meu pai deixou para Morgan. Tenho certeza de que meu pai pesquisou e sabia exatamente o quanto ele precisava beber para que tudo isso acontecesse. Foi seu golpe final, a saideira. Mas também foi, obviamente, uma forma de acabar com a dor que carregava, que se tornara muito difícil de suportar. Ele sentiu que havia falhado com todos nós, e acho que, em algum nível, acreditava que estava fazendo o melhor para todos.

Enquanto isso, na casa da minha avó, as irmãs da minha mãe se uniram, sem muito entusiasmo, com Ginny, tentando mostrar solidariedade. Mas minha mãe estava no modo de vítima, chorando incontrolavelmente e atraindo todos os holofotes do drama para ela. Ela tentou insistir para que Danny fosse vestido com o terno que ela escolheu para o velório, mas a irmã do meu pai, Margie, o queria no terno mar-

LIVRO ABERTO

rom que ela selecionara. Foi aí que a situação se agravou — Margie foi até a casa do meu pai, pegou tudo de valor e escondeu de Ginny. A funerária disponibilizou carros para a família, e minha mãe exigiu ir em um. Os irmãos dele ficaram furiosos até com a exigência. Ela não era mais a esposa dele, o que estava fazendo lá? E assim por diante. Parecia que a raiva da família do meu pai por minha mãe foi transferida para mim, como se eu fosse uma extensão de Ginny. (A única interação substancial que me lembro de ter tido com ela durante todo esse tempo foi uma discussão sobre o que eu vestiria.) Todo mundo sabia que Danny não era meu pai biológico e, de repente, parecia que isso era extremamente importante. *Eu pertenço a esta família?* Talvez eu estivesse sendo hipersensível, mas me senti indesejada e desconfortável. *Tudo bem eu estar aqui?* Não aqui, *neste funeral*, mas aqui neste mundo. *Tudo bem eu ter nascido?*

MEU PAI MORREU em outubro. Completei 18 anos em novembro. Eu me casei com Freddy em fevereiro do ano seguinte. Foi obviamente uma época confusa e difícil, e nosso casamento refletiu a natureza dispersa da decisão. DeAnna e George foram meus únicos familiares presentes. Usei um vestido vintage, com flores dispostas atrás do véu. Foi em uma pequena igreja espanhola em Los Angeles. Não lembro qual.

PARTE II
SUCESSO

CAPÍTULO 8

À medida que minha família se desintegrava, minha carreira ascendia. Surgiram várias oportunidades seguidas. Primeiro, John Casablancas, o lendário proprietário da Elite, me escolheu para ir com outras meninas à cidade de Nova York. Foi emocionante. Eles pagaram tudo, inclusive um book para o mercado de alta moda de Nova York, e me enviaram propostas, como entrevistas com clientes em potencial. A cidade era impressionante — e intimidadora. E fedia! Ainda me lembro da primeira vez que vi um vapor subindo de um bueiro de Manhattan — era como se houvesse um submundo de fogo logo abaixo da superfície da cidade, queimando dia e noite.

Freddy foi comigo, e isso me deixou confusa. Por um lado, eu ficaria ansiosa de ir sozinha para Manhattan pela primeira vez, mas, por outro, fiquei preocupada com a banda dele, e, com certeza, após ele contar aos outros integrantes do Kats sobre o seu plano de passar um tempo em Nova York, cada um seguiu seu caminho. Fiquei apreensiva com Freddy apostando tudo em mim. Enquanto isso, eu estava mais do que empolgada — decidida a sair do lugar disfuncional de onde vim e entrar no mundo radiante do sucesso, onde imaginei que as pessoas vi-

viam vidas normais e felizes. (Aham.) Freddy e eu estávamos seguindo direções diferentes, e comecei a me afastar dele.

Fiquei muitos meses em Nova York. Fui escalada para um comercial, e Freddy e eu nos mudamos para um pequeno apartamento no Upper West Side. No último dia de filmagens, senti uma tensão familiar no meu corpo, que sinalizava uma crise renal, mas disse a mim mesma que era só o calor das luzes.

Tínhamos nos programado para voltar a Los Angeles no dia seguinte. Quando pousamos, explodi como um balão. Estava inchada da cabeça aos pés. Freddy não tinha ideia do que fazer, mas liguei para DeAnna, que estava esperando por nós no aeroporto, e ela me levou direto para a emergência da UCLA. Retive tanto líquido que ainda tenho estrias nas pernas desse dia.

Essa crise foi diferente. À época, se sabia muito mais sobre a doença — não precisei ficar no hospital por meses. Uma vez estabilizada, eles me mandaram para casa com uma dose alta de prednisona.

Havia outra diferença. No passado, minhas crises sempre aconteciam após alguma infidelidade de meu pai. Dessa vez, a infidelidade foi minha. Tentei reprimi-la, mas meu corpo não deixou.

Na noite anterior ao meu casamento, em vez de escrever meus votos, liguei para um cara que conheci em um set de filmagem. Saí da minha própria despedida de solteira e fui para o apartamento dele.

Por que eu fiz isso? Por que não fui ver o homem com quem me comprometi a passar o resto da vida para expressar minhas dúvidas? Porque eu não podia encarar o fato de me casar para me distrair do luto pela morte do meu pai. Porque senti que não havia espaço para questionar o que eu já havia começado. Eu não conseguia me livrar do casamento, mas podia sabotá-lo.

Só que, quando é um segredo, não é exatamente sabotagem. Só de você mesmo.

LIVRO ABERTO

MESES DEPOIS, tive minha segunda grande oportunidade, uma audição para *General Hospital*. Nunca assisti a novelas, mas sabia que era uma chance importante. Por um lado, era o programa número um na televisão diurna. Por outro, *GH* estava em foco naquele momento, porque a atriz Genie Francis, que interpretara Laura Spencer — dos famosos Luke e Laura —, estava se aposentando, e ninguém menos que Elizabeth Taylor faria uma participação especial. Fiquei extremamente ansiosa quando fiz o teste para essa novela clássica, que estava no ar havia duas décadas. Mas tentei me imaginar de volta à piscina da Kings Road, lendo roteiros para Nastassja. Isso me ajudou a superar. Também adorei a personagem, Jackie Templeton, uma jovem repórter afiada, sem rodeios e corajosa. Eles queriam um "tipo Margot Kidder", alguém como a atriz que interpretou Lois Lane em *Superman*, que fora muito popular nos cinemas anos antes. Eu tinha o cabelo escuro e os olhos verdes de Kidder, e tínhamos algo em comum: uma voz rouca. Há algo nessa leve rouquidão que as pessoas acham atraente — acredito que seja porque sugere resistência e vulnerabilidade ao mesmo tempo. Consegui o papel.

Foi empolgante e aterrorizante. Jackie Templeton acabou sendo um papel muito importante. E, em geral, as novelas exigem apenas um grande esforço — diferente de outros programas de televisão e, definitivamente, dos filmes; não há outro trabalho no qual um ator receba trinta páginas para memorizar e filmar em um dia. Recebíamos o roteiro com certa antecedência, mas havia um limite para a quantidade de diálogo que alguém podia decorar em um dia. No final de semana, você conseguia pegar alguns roteiros de uma só vez para saber o rumo que a história tomaria, mas a rotina era sempre: aqui estão suas cenas, se vira!

As recompensas desse esforço foram enormes. Pela primeira vez na minha vida, *eu* estava no controle de poder alugar, comer, comprar roupas novas, pagar a conta de luz. Quando comecei, ficava tão envergonhada do meu Volkswagen surrado que não dirigia até o estúdio, es-

DEMI MOORE

tacionava na rua e entrava pelo portão de pedestres. Lembro-me de me sentir mortificada um dia, quando um dos guardas disse: "Você sabe que pode parar no estacionamento, certo?", e percebi que ele tinha me visto no carro. A primeira coisa que comprei quando economizei dinheiro suficiente foi um Honda Accord prateado novinho em folha. Fiquei muito orgulhosa quando passei pelos guardas e estacionei na minha vaga reservada.

De muitas maneiras, *General Hospital* era como outra escola nova que eu precisava desvendar, mas as apostas eram muito maiores. Enquanto eu via as novelas como um ponto de partida, percebi que o programa tinha o poder de mudar minha vida, e eu não queria que as pessoas vissem minhas fraquezas ou sentissem minha insegurança. Na superfície, eu estava atingindo todas as minhas marcas, mas minha bússola interna procurava saídas para minhas dúvidas. Comecei a beber.

Muitas vezes havia tempo livre durante o dia, quando as cenas de outra pessoa estavam sendo gravadas, mas não havia tempo suficiente para deixar o prédio e ir a qualquer lugar, então ficava com Tony Geary, que interpretava Luke, em seu camarim, para não sair do set. Tony sempre tinha alguma bebida à mão, que ele disfarçava misturando com Coca-Cola. Nunca rejeitei suas ofertas. Ele era a estrela do programa, afinal, e se é assim que a estrela se comporta, deve estar ok.

Freddy e eu não bebíamos mais do que uma cerveja ocasional em casa. O problema era que, quando eu bebia, não conseguia parar. Não havia nenhuma voz na minha cabeça dizendo: *Basta, Demi*. Não havia freios. Uma noite, Freddy e eu fomos ouvir uma nova banda de New Wave. Enquanto eles seguiam seu repertório, tomei um drinque, depois outro, depois outro. Nos bastidores, após o show, me lembro de estar conversando com alguém da banda quando apaguei. A próxima coisa que me lembro é dessa pessoa gritar comigo com um forte sotaque inglês. Não tenho ideia do que falei, mas deve ter sido muito ruim. "Saia!", gritou. "Dê o fora daqui!" Isso me deixou sóbria na hora. Cabeças se viraram para olhar enquanto Freddy me apressava para a porta. Essa foi a minha primeira grande humilhação relacionada à bebida.

Uma coisa é se embriagar em uma boate, tarde da noite. Outra é ficar bêbada enquanto você trabalha.

Junto com várias estrelas de *General Hospital*, fui convidada para ir a algum lugar participar de um painel ao vivo para uma audiência da novela. No avião, comecei a pedir bebidas à aeromoça, e acelerei quando cheguei ao hotel e fiz a limpa no minibar. Estava tão bêbada no início do painel que não conseguia manter a postura na minha cadeira.

No dia seguinte, fiquei horrorizada. Parecia muito fora de controle, muito parecida com meus pais. Eu sabia que o álcool estava me levando para o caminho deles, de volta para onde vim, em vez de avançar para o futuro que imaginara para mim. Parei de beber; abstinência.

MINHA TERCEIRA GRANDE CHANCE veio logo após eu completar 20 anos, em 1982, quando fiz uma audição para um papel no meu primeiro filme real e passei. Meu sonho sempre foi cinema, e tudo sobre esse filme, *Feitiço do Rio*, era demais. Seria filmado em um país estrangeiro, e, pela primeira vez na minha vida, tive um passaporte. Foi com um grande estúdio, dirigido pelo lendário Stanley Donen, que fez clássicos como *Cantando na Chuva*, *O Parceiro de Satanás* e *Charada*. Valerie Harper seria minha mãe — cresci assistindo a ela nas séries *The Mary Tyler Moore Show* e *Rhoda*. E Michael Caine seria meu pai. Na verdade, eu não entendia o que isso significava na época — uma oportunidade única de trabalhar com um dos maiores atores do mundo. Só sabia que estava animada por estar em um filme. Negociei três meses de folga do meu contrato com o *General Hospital* para gravar.

Fui ao Brasil com a sensação — como aconteceu muitas vezes na minha vida — de que era um recomeço, uma situação totalmente nova. Era um padrão com que me acostumei. Se algo não estivesse funcionando, eu sabia que em pouco tempo nos mudaríamos, então não pre-

DEMI MOORE

cisava tentar consertar o que quer que fosse. E se estivesse funcionando? Bem, aproveite, porque vai acabar antes que você perceba.

Ficamos hospedados em um grande hotel na praia de Ipanema e, na primeira noite, nos encontramos para jantar. Lá estavam Michael Caine e sua esposa, Shakira, muito elegante, exótica e sofisticada — algo notável para uma garota simples do Novo México. Joe Bologna, o outro protagonista, um cavalheiro perfeito, extremamente receptivo; na verdade, todo mundo fez de tudo para que eu ficasse confortável. Eu estava admirada, absorvendo tudo, mas tentando agir com tranquilidade. Queria que eles vissem o que quer que lhes agradasse. Eu dizia a mim mesma: *Não estraga tudo. Fica quieta, observe e aprenda.*

O filme em si era um fetiche indecente — nunca poderia ser feito hoje —, mas na época parecia perfeitamente normal. Interpretei uma garota de 17 anos de férias no Rio com a melhor amiga, que seduzia meu pai contra a vontade dele. Joe Bologna interpretou o pai, e fui a coadjuvante. A protagonista, Michelle Johnson, era uma jovem modelo que fora tirada do anonimato em Phoenix, Arizona, e acho que os seios dela eram um fator importante no elenco — o que também parecia comum naqueles dias. Ela me pareceu inocente. Mesmo não sendo muito mais velha que ela, me sentia veterana em comparação.

No set, conheci uma garota local muito legal chamada Zezé, que se inscreveu para ser figurante no filme apenas por diversão. Zezé vinha de uma família rica, era bem-educada e falava inglês perfeitamente. Nós nos tornamos amigas e logo nos entrosamos. Em nosso tempo livre, ela me mostrou o Rio, me levou a restaurantes e me apresentou às amigas. Todas começamos a ir a muitas festas juntas, e foi muito bom.

Freddy não estava lá, e apenas agi naturalmente em um lugar em que não tinha um passado; então poderia ser quem *eu* quisesse, sem qualquer ônus. Foi um despertar, de muitas formas amplas e positivas, compensado, infelizmente, por *muita* cocaína. Quase abri um buraco nas narinas no Brasil.

LIVRO ABERTO

O estúdio me colocou em um hotel muito agradável e me dava uma ajuda de custo diária, então a vida era fácil. Ficou ainda mais fácil quando Zezé disse que eu poderia alugar um apartamento mobiliado, e me ajudou a encontrar um ótimo, com vista para o mar. Fizemos amizade com Peter, um jovem rapaz que dirigia a segunda unidade de filmagem, e ele se tornou meu colega de quarto. Peter e eu dividíamos o aluguel, e embolsei o dinheiro extra que recebia para comprar cocaína. Meus amigos brasileiros a conseguiam para mim, e era de qualidade. Todo mundo no Rio parecia usar cocaína — e beber, exceto, ironicamente, eu. Eu não bebia porque sabia que não podia. *Não é seguro para mim*. Não me preocupei com os efeitos da cocaína. Na minha mente, tinha encontrado uma coisa que me fazia sentir produtiva e criativa, então, o que poderia estar errado? Eu tinha dinheiro para me manter e, como meu papel era relativamente pequeno, tinha um tempo razoável para aproveitá-lo.

Foram alguns meses maravilhosos. Zezé se tornou uma amiga da vida inteira — ainda somos próximas. Saíamos com o amigo de Peter e Zezé, Paolo, um brasileiro lindo, dávamos festas em nosso apartamento, íamos à praia e explorávamos a cidade. Era fácil esquecer que eu era casada — a tal ponto que uma noite Peter e eu acabamos na cama. (Nós dois logo reconhecemos que foi um erro, aconteceu só uma vez.) Eu estava vivendo uma aventura. Estava ganhando força na minha carreira. E nunca me sentira tão livre.

Toda essa liberdade — combinada com a minha juventude, para não mencionar a ousadia e a negligência extras que a cocaína dá — me fez desafiar os limites. Minha personagem tinha que saltar de asa delta no filme, mas, por causa de um problema com o seguro, os produtores queriam colocar uma dublê. Mas Peter era o diretor da segunda unidade, e eu disse a ele: "Qual é, deixa eu fazer."

Isso poderia lhe custar o emprego, poderia ter colocado o filme em risco. Foi uma ideia que surgiu da imprudência incitada por drogas, mas aconteceu, e deu certo. Coloquei o cinto, corri e saltei da beira de um penhasco sobre o Oceano Atlântico. A vista era inacreditável.

CAPÍTULO 9

Até mesmo enquanto eu agia de forma inapropriada no Brasil, tive uma espécie de epifania sobre honestidade. A pessoa que eu queria ser não mentia. Quando voltei do Rio, estava determinada a ser completamente sincera com Freddy, assumir a responsabilidade pelo que havia feito e pelo que queria. Conversei com meu marido sobre o que havia acontecido com Peter e disse a ele que achava que nosso casamento não estava funcionando.

Freddy ficou furioso. E eu entendi. Decepcionei-o em nosso casamento. Eu queria fazer a coisa certa no divórcio, então concordei em lhe pagar pensão alimentícia por um ano. Ele não ficou sozinho por muito tempo. No início do nosso relacionamento, ele dava aulas de violão para ganhar um dinheiro extra, e uma das alunas era a irmã de 14 anos de um amigo. Logo percebi que Freddy e Renee tinham uma conexão — apesar de ele ter mais do que o dobro da idade dela — e, uma tarde, disse a eles: "Se alguma coisa acontecesse entre mim e

DEMI MOORE

Freddy, aposto que vocês namorariam." Renee ficou envergonhada, e ele, furioso por eu aborrecê-la na época, mas, assim que Freddy e eu terminamos, eles ficaram juntos, e assim estão até hoje.

O divórcio foi ideia minha, mas me senti à deriva depois que nos separamos. Um amigo me emprestou seu apartamento em Marina del Rey até eu encontrar um lugar para mim, e foi lá que fiquei. Completei 21 anos naquele apartamento, sozinha.

Eu não era muito próxima de ninguém de *General Hospital*, produção em que voltei a trabalhar para cumprir o restante do meu contrato, depois que retornei do Brasil. Tirei uma segunda licença para fazer outro filme, mas não deu certo. Na época, *General Hospital* me cortou da história seguinte. De repente, eu não tinha mais nada para me distrair.

Comecei a beber de novo. Foi uma época realmente sombria para mim. O eu que apresentava ao mundo era o mesmo de sempre: otimista, confiante, ousada. Comprei uma moto Kawasaki e acelerava por Los Angeles sem capacete. Eu nem tinha carteira.

Meu desejo por cocaína se transformou em dependência, e, embora eu nunca tivesse me descrito como viciada, foi isso o que me tornei. Pegava um pouco de cocaína com um dentista, então era muito boa; e, quando ele não tinha, conseguia com meu empresário. Parece-me incrível agora que a pessoa que me aconselhava sobre minhas finanças nunca tenha chamado minha atenção para todo o dinheiro que gastava em drogas (se bem que ele usava também). Acabei rescindindo o contrato com ele, mas não antes de gastar a maior parte do meu dinheiro.

Felizmente, consegui um papel principal em *No Small Affair*, uma comédia romântica adolescente que a Columbia Pictures estava produzindo. Interpretei uma jovem cantora de boate, e Jon Cryer interpretou o fotógrafo de 19 anos que se apaixona por ela, em seu primeiro papel no cinema. Jon também se apaixonou por mim na vida real e perdeu a virgindade comigo no decorrer das filmagens; me dói pensar em como

LIVRO ABERTO

fui insensível com seus sentimentos — que roubei o que poderia ter sido um momento importante e bonito para ele. Eu estava meio descontrolada na época e, definitivamente, não tinha condição de cuidar dos sentimentos de outra pessoa. Comecei a fazer coisas seriamente autodestrutivas durante esse período — lembro-me de acordar sem saber onde estava, pensando: *Tenho que trabalhar daqui a uma hora?*, e depois ter que ligar para alguém e pedir para me buscarem. É tudo um borrão.

Craig Baumgarten, um executivo de estúdio da Columbia, me acolheu enquanto filmávamos *No Small Affair*. Ele ficaria fora por um tempo e me ofereceu sua casa. Fiquei muito desconfiada quando ele me convidou para visitá-la, mas, em um grande progresso pessoal, não dormi com ele e ele não me pressionou. Acho que realmente gostava de mim, mas foi louco por me deixar ficar em sua casa em Beverly Hills, no meu estado, e ainda mais louco por me dar as chaves do Jaguar de sua esposa. "Use o carro", disse ele. "Está lá parado." E foi o que fiz, animada por passear por Los Angeles em grande estilo. De alguma forma, não estraguei nada, graças a Deus.

Fui procurar um lugar para mim. Pular de casa em casa sucessivamente parecia familiar da pior maneira, e eu queria um lar de verdade. Encontrei uma minúscula casa de dois quartos perfeita em Willoughby, com um piso de linóleo preto e branco na cozinha. A frente era completamente escondida por uma cerca coberta de trepadeiras, por isso era muito reservada, e o interior, impecável. Amei o local. Nunca comprei um sofá para a sala de estar, e o segundo quarto tinha apenas um colchão no chão, mas a casa me deu algo no qual colocar minha energia, além de uma sensação de independência e estabilidade. Foi o primeiro lugar que tive.

Fiel ao padrão, poucas semanas após minha mudança, minha mãe apareceu na minha porta com seu novo jovem namorado e Morgan. Ela precisava de um lugar para ficarem enquanto procurava um apartamento, me disse. Ela parecia pior do que nunca. Eles ficaram na minha casinha por algumas semanas. Eu sabia que se deixasse que ficassem mais, nunca sairiam. Não me importaria se fosse só Morgan. (E minhas amigas também não, ele tinha 16 anos e estava ficando cada vez mais bonito.) Mas ele era adolescente agora, não um menino frágil. Estava na escola militar de Roswell. Decidiu que precisava de estrutura e sanidade em sua vida — o que entendi muito bem.

"Acabou o tempo", disse eu a Ginny. "Você precisa ir."

RECEBI UMA LIGAÇÃO da minha agente, Hildy Gottlieb, dizendo que a Sony queria que eu fizesse um teste para um novo filme de John Hughes, que fez seu nome dirigindo uma série de sucessos sobre adolescentes: *Gatinhas & Gatões, Clube dos Cinco, Mulher Nota 1000*. Na manhã da audição, peguei minha moto e fui para o estúdio, onde Hughes fazia uma reunião geral de elenco. Fiz tudo certo na audição, mas ele não pareceu impressionado, e não achei que conseguiria o papel.

Estava andando pelo corredor após a audição quando ouvi passos correndo atrás de mim. "Senhorita, senhorita", uma voz me chamava, mas eu não parei, supondo que houvesse alguma outra "senhorita" que o cara estava perseguindo. Eu estava no meio da escada quando ele me alcançou, ofegante.

"Você é atriz?", perguntou.

"Quem quer saber?", rebati.

"Joel Schumacher", respondeu, "meu chefe".

Joel recontaria essa história várias vezes nos próximos anos. A *Vanity Fair* o citou em um artigo de 1991, dizendo que ele tinha visto "essa mulher vistosa descendo as escadas — tinha longos cabelos pretos até a cintura, era incrível, como um cavalo de corrida árabe".

LIVRO ABERTO

Então, enviou seu assistente atrás de mim e me mandou ler o papel de Jules, do seu novo filme na Columbia Pictures, *O Primeiro Ano do Resto de Nossas Vidas*.

Jules era, apropriadamente, uma garota festeira que desenvolveu um vício em cocaína. Fazia parte de um grupo de sete recém-formados na Universidade de Georgetown que tentavam se encaixar no mundo adulto e se encontravam regularmente em um bar chamado St. Elmo's. O filme tinha essa energia dinâmica, como se realmente fosse ser um sucesso. E, na sequência dos filmes de John Hughes, que eram muito populares, parecia que toda uma nova geração entrava em foco na tela. *O Primeiro Ano do Resto de Nossas Vidas* estrelaria Rob Lowe, Emilio Estevez, Ally Sheedy, Judd Nelson, Mare Winningham, Andrew Mc-Carthy e a mim.

A memória — especialmente aquela ofuscada pelas drogas — é uma coisa engraçada. Em sua própria biografia, Rob sugere que tivemos um tipo de romance intenso. Lembro-me vagamente de uma noite indevida juntos, mas sou grata a ele pelas descrições complementares da nossa juventude. Na verdade, gostava de todos os meus colegas de elenco e ainda sou próxima de alguns, mas a pessoa que se destaca desse período, claro, é Emilio.

Conheci Emilio no dia em que fizemos as audições e logo começamos a conversar. Ele tinha uma confiança tranquila, o que era muito atraente para mim — parecia muito sensato — e também tinha um ótimo senso de humor. Adorei sua aparência, cabelos loiros escuros e penetrantes olhos azuis, a adorável estrutura de seu rosto e suas feições marcantes. No início dos ensaios, começamos a sair.

Mas Emilio era muito disciplinado, consumia bebidas alcoólicas como uma pessoa normal e não fumava nem usava drogas. Escondi esse meu lado dele. Zezé se mudou para LA e foi morar comigo, e cheiramos muito juntas. Na verdade, eu, muito mais do que ela. No meu auge, cheirava 3,5g a cada dois dias sozinha.

DEMI MOORE

Acho que havia rumores sobre minha farra, porque um dia, quando eu estava no estúdio fazendo uma prova de figurino, Joel Schumacher apareceu na sala de repente. "Se eu souber que você tomou uma cerveja que seja, está demitida", anunciou em voz alta na frente de todo mundo. Então se virou e saiu. Senti como se tivesse levado um soco. A forma como ele me expôs na frente das outras pessoas foi humilhante e liberou uma onda tão imediata de vergonha que me senti fisicamente mal.

Logo após esse incidente, recebi uma ligação de Craig Baumgarten, que havia me emprestado sua casa e ainda estava de olho em mim, pelo menos em parte, porque tinha interesse profissional no sucesso do filme. "É isso o que você vai fazer", me instruiu misteriosamente, mas com firmeza. "Há um lugar em Redondo Beach e, a menos que esteja morta ou morrendo, você irá lá amanhã. Estão esperando você." Eu não sabia exatamente qual era o lugar, mas ele me deu o endereço. Percebi que ele estava falando sério quando a assistente que eu acabara de contratar disse que eu tinha um compromisso marcado para a manhã seguinte e que ela me levaria lá. Ele tinha ligado para ela também.

Eu já tinha planejado jantar naquela noite com meu amigo Tim Van Patten, que conheci filmando o piloto de um programa de TV que nunca deu em nada, e um amigo dele em um restaurante de sushi em Melrose. No começo, tomei cuidado com a bebida — nada de destilado, era minha regra —, mas, enquanto observava Timmy e seu amigo virando doses, só pensava: *Que porra.*

Um drinque levou a outro e, depois, a outro no próximo bar. Eu estava brincando com Tim sobre os efeitos do álcool versus os da cocaína quando me ouvi rir, dizendo: "Sou viciada em drogas", como se fosse uma grande piada. Mas não era. Eu nunca tinha dito essas palavras nem admitido para mim mesma e, de repente, parei de rir e comecei a chorar. "Não, eu realmente sou", disse a ele. Era a verdade.

LIVRO ABERTO

Ele deve ter me levado para casa, porque acabei no chão do banheiro, onde Zezé me encontrou bêbada e me contorcendo como uma pessoa louca. "Há um demônio dentro de mim, e eu tenho que tirá-lo!", disse a ela. Zezé conseguiu me acalmar e me colocar em segurança na cama, mas deve ter ficado aterrorizada.

Quando acordei, na manhã seguinte, me lembrei do compromisso. Sem nem pensar, fui direto procurar qualquer cocaína que restasse, e foi esse meu café da manhã. Minha assistente me pegou e me levou para o endereço em Redondo Beach, que era um hospital. Lembro-me claramente de subir no elevador e caminhar por um longo corredor em direção a uma placa que dizia: Centro de reabilitação para alcoolistas.

Minha reação instintiva foi: "Não. Isso é para minha mãe. *Eu* sou viciada em drogas." Mas recebi ordens para comparecer à reabilitação a menos que estivesse morrendo, e, embora quisesse estar naquele momento, o que eu queria ainda mais era proteger minha carreira.

A REABILITAÇÃO AINDA ERA algo novo em 1984. A clínica Betty Ford, sob muitos aspectos, o protótipo do setor, fora aberta apenas dois anos antes. Muitas pessoas na reabilitação em Redondo Beach tinham bebido a vida inteira, com décadas de histórias terríveis para compartilhar. Eu não tinha um histórico tão longo, tinha apenas 21 anos e lutava com problemas de álcool há três, e com cocaína por, talvez, dois. Mas isso não significava que minha dependência era menor. Quando a responsável pela internação me disse que o programa duraria *trinta* dias, fiquei horrorizada. Trinta dias! Isso era simplesmente impraticável.

"Começaremos a filmar em dezesseis dias", falei.

Ela me perguntou: "O que é mais importante? O filme ou sua vida?"

"O filme!", disse a ela, e foi exatamente o que eu quis dizer.

DEMI MOORE

"Não há filme se você não tiver vida", ressaltou. "Quero colocá-la em uma cama agora." Senti como se meu coração fosse sair pela boca. Disse a ela que tinha que ir ao banheiro. Dentro da cabine, vasculhei meus bolsos por um frasco usado de cocaína para usar uma última vez. Depois, voltei à sala de aconselhamento e disse a ela: "Não há como *não* fazer esse filme. É tudo o que tenho."

Não sei se foi algo no modo como falei, mas ela analisou meu rosto por um minuto e disse: "Deixe-me fazer uma ligação. Mas, pelo menos, fique esta noite."

A equipe da clínica presumiu claramente que eu seria internada durante todo o período, porque já havia uma mala esperando por mim, cheia de tudo o que eu poderia precisar por um mês, que acho que pediram para minha agente organizar. A abordagem deles foi muito inteligente; você não poderia dizer: "Não posso começar agora porque preciso disso", pois tudo o que se poderia pensar já havia sido fornecido. Então você ficava meio encurralado.

No dia seguinte, fui chamada de volta à sala, onde encontrei Joel Schumacher e os dois produtores do filme. Não me ocorreu que eles estavam por trás de tudo isso. O que importava para eles se *eu* não estivesse no filme? Primeiro de tudo, eu não era ninguém. Seria só meu terceiro filme de estúdio. E, além do mais, éramos sete no elenco — que diferença eu realmente faria? Mas eles aparentemente se reuniram para discutir a situação, porque havia um plano combinado em vigor. Eu poderia começar o filme com apenas quinze dias de sobriedade, se completasse a lista de requisitos que geralmente são cumpridos em trinta. Quando saísse, me deixariam com uma tutora 24 horas por dia, 7 dias por semana, durante toda a filmagem.

Até hoje, considero isso como uma versão da intervenção divina. Se tivesse que desistir do filme e seguir o programa para ficar sóbria, *por minha conta*, duvido que tivesse conseguido. Não me valorizava o bastante para isso. Mas, com o filme em jogo e esse enorme apoio de

LIVRO ABERTO

Craig Baumgarten, Joel Schumacher e seus colegas, a quem eu não queria decepcionar, eu tinha algo muito maior do que eu pelo qual lutar. E assim o fiz.

Fiz absolutamente tudo o que me foi pedido. Cumpri todos os requisitos da lista. Colaborei. Eu me esforcei. Fiz aconselhamento em grupo e individual, fui a reuniões do AA e aceitei os doze passos na minha vida. Houve até uma sessão em família, à qual minha mãe e meu irmão compareceram. Despejei minhas queixas sobre Ginny, mas, mesmo nesse ambiente, ficou claro que ela não era capaz de ser mãe. Então, segui as formalidades e acabei com isso. É meio engraçado pensar em me desculpar por qualquer problema que eu possa ter causado a ela por causa do *meu* vício.

Quinze dias depois, saí com minha maravilhosa e atenciosa tutora, e fui direto para o ensaio. Fiel às condições da minha liberação da reabilitação, ela ficou comigo dia e noite enquanto filmávamos, em vários locais de Washington, D.C. e ao redor do campus da Universidade de Maryland, que fingimos ser Georgetown. Ela era uma mulher adorável, uma presença materna que não tinha desde que morei com minha avó, em Roswell. Mais uma vez, tive aquela sensação preciosa e reconfortante de que alguém estava cuidando de mim, que se importava com como eu estava. Schumacher — merece o crédito — seguiu em frente, concentrando-se em mim como profissional, o que foi a coisa mais prestativa que poderia ter feito. Obviamente, Craig e Joel fizeram uma coisa incrivelmente generosa ao me apoiar enquanto eu ficava sóbria.

A sobriedade ainda era anônima na época — ninguém admitia, muito menos anunciava, ir para a reabilitação, e fiz o meu melhor para manter a discrição e apenas me misturar ao grupo enquanto filmávamos. Além de nós sete, havia outros jovens atores — no set e nas festas ao final das filmagens — que estiveram em filmes com diferentes membros do elenco: Molly Ringwald, Matt Dillon, Sean Penn e seu irmão Chris. Fomos apelidados de Brat Pack [Grupo dos Privilegiados, em tradução livre] na imprensa, um termo que eu *odiava*, porque implicava que éramos todos um bando de delinquentes juvenis mimados e festeiros. Nunca cheguei perto de ser mimada e, certamente, não estava festejando.

Depois que decidi me desintoxicar e ficar sóbria, permanecer assim era fácil. A negociação terminara: eu nunca mais quis vivenciar aquele momento de acordar e tentar lembrar o que havia feito na noite anterior. Não queria mais esse constrangimento. Queria estar presente, sem me entorpecer com o álcool ou me acelerar com a cocaína, e me dediquei totalmente a esse processo. Sempre me interessei por espiritualidade, mas não me sentia inspirada pela religião organizada. Depois que percebi que os princípios do AA estavam centrados em confiar em Deus "como O entendemos", eu sabia que havia encontrado um ponto de identificação.

O AA também me ajudou a entender mais meus pais. Uma das muitas frases de efeito utilizadas no programa é "tapar o sol com a peneira", que representa a situação na qual pessoas como minha mãe e meu pai se mudam em vez de encarar as merdas — sem perceber, é claro, que estão sempre *levando o problema junto com eles*. "Se fizer o que sempre fez, obterá o que sempre obteve" é outro slogan do AA que me impressionou, porque resume perfeitamente a abordagem de vida dos meus pais e os resultados inevitavelmente decepcionantes que sempre acabavam repetindo.

O Primeiro Ano do Resto de Nossas Vidas recebeu críticas aceitáveis. O *New York Times* o classificou como "um filme tão bom quanto qualquer outro para colocar em uma cápsula do tempo este ano a fim de mostrar o que e quem os jovens espectadores querem". Também se saiu bem nas bilheterias. Por fim, tornou-se uma espécie de clássico da época, um filme representativo do início da vida adulta, e definitivamente deu um grande impulso à minha carreira.

LIVRO ABERTO

Mas, para mim, pessoalmente, *O Primeiro Ano do Resto de Nossas Vidas* sempre será o filme que mudou minha vida. Se eu não tivesse ido à reabilitação para fazê-lo, me pergunto se ainda estaria viva. E mesmo que, à época, eu não pensasse: *Caramba! Estou em um filme que é um sucesso!*, tinha uma sensação de que algo havia acontecido.

CAPÍTULO 10

Emilio e eu começamos a ficar sério depois que fiquei sóbria. Namoramos seis meses, ficamos noivos, e fui morar com ele em seu condomínio em Malibu. Ele era muito gentil, muito atencioso e, olhando para trás, acho que um fator importante na rapidez com que nos mudamos foi eu desejar uma família, e ele ter um relacionamento próximo com a dele, que morava nos arredores. Quando conheci Emilio, ele ainda vivia com a mãe, Janet, uma artista; o pai, Martin Sheen (cujo nome de batismo era Ramón Estévez); a irmã mais nova, Renée; e os irmãos, Ramón Estévez e Charlie Sheen, que adotou o nome artístico do pai. Todos os membros da família Sheen/Estevez eram atores, exceto Janet, e, embora eu sempre tivesse pensado em atuar como um trabalho, eles consideravam uma forma de arte. Adotei suas crenças, tentando absorver um pouco da seriedade e da paixão.

Martin aderiu novamente ao catolicismo após sofrer um ataque cardíaco aos 36 anos e, em seguida, superou seu próprio alcoolismo. Isso foi uma inspiração para mim. A mãe de Emilio, Janet, era muito sensata e o pilar da família. Particularmente, gostei de Charlie, que eu considerava extremamente brilhante e perspicaz, e um artista cheio de

DEMI MOORE

emoção. Ele me mostrou um pouco de sua poesia, e me lembro de ter ficado impactada com a intensidade de seus sentimentos. Essa é uma parte de Charlie que muitas pessoas talvez não vejam, ou talvez não acessem — um homem gentil, frágil e sensível versus a pessoa arrogante e combativa que projetou publicamente. Observe sua atuação em *Platoon*: ela não surgiu do nada.

Emilio e eu íamos à casa da família para jantar ou sair nos fins de semana. Nunca me senti totalmente parte do seu clã, mas tenho certeza de que isso tinha muito mais a ver comigo do que com eles. (Logo conheci a mãe dele e conversamos, e ela demonstrou uma impressão totalmente diferente de mim do que eu teria pensado.) É claro que eu presumia que não era boa o suficiente para eles — educada, inteligente nem sofisticada o bastante. Nunca conheci pessoas com princípios tão fortes, especialmente Martin. Ativista político de longa data, fora preso por sua posição antiguerra, em manifestações antinucleares, por apoiar César Chávez e assim por diante. Fiquei fascinada por tudo isso, mas raramente participava das discussões políticas, sentindo que tinha tudo para aprender e pouco com o que contribuir.

Emilio e sua família foram, de várias maneiras, uma boa influência para mim. Ele odiava cigarros, então eu parei. Infelizmente, como muitas pessoas que deixam de fumar, comecei a engordar, uma vez que não tinha a muleta do cigarro. Isso se tornou um problema no verão de 1985, quando fui escalada para o filme *Um Verão Muito Louco*, que exigia que eu usasse maiô a maior parte do tempo. Filmamos na praia de Massachusetts, em Cape Cod e em Nantucket. Foi o cenário dos sonhos de uma comédia verdadeiramente excêntrica com alguns atores cômicos muito loucos: John Cusack, Curtis Armstrong e o lendário William Hickey. Eu era praticamente a única garota, o que era meio que excludente, até conhecer uma assistente social peculiar e maravilhosa que estava no set para trabalhar com as crianças do filme. Seu nome era Patsy Rugg e ela se tornou uma pessoa fundamental na minha vida.

LIVRO ABERTO

Conversamos da maneira que as mulheres fazem, e, quando surgiu o assunto de que eu estava sóbria há pouco tempo, ela me disse que estava há muito. Ela se ofereceu para ser minha madrinha. Sua generosidade e orientação fizeram toda a diferença do mundo. De repente, eu tinha uma rede de apoio, alguém com quem podia contar. Patsy não tinha filhos, mas certamente soube ser uma mãe para mim.

Mas tive sérios problemas alimentares. Mal conseguia me olhar no espelho durante as filmagens de *Um Verão Muito Louco,* porque odiava o que via e me preocupava com a forma como isso seria transferido para a tela. Também estava com medo. Tinha certeza de que qualquer diretor consideraria meu corpo inaceitável e eu nunca conseguiria outro papel.

Eu só pensava nisso quando minha nova agente, Paula Wagner, da Creative Artists Agency, me disse que havia conseguido uma audição para a comédia romântica *Sobre Ontem à Noite...* Como ainda estávamos filmando *Um Verão Muito Louco,* meu cabelo estava cheio de trancinhas quando fiz o teste para Debbie, a protagonista, e tive que explicar ao diretor Ed Zwick que aquele não era o meu visual habitual. Ele ainda não havia escolhido o protagonista masculino, mas disse que gostaria de mim como Debbie, e tivemos uma reunião muito boa. Eu estava apreensiva, mas animada com a perspectiva do meu primeiro papel principal em um grande filme.

O processo de seleção do elenco parecia avançar lentamente, e fiquei ansiosa esperando, especialmente depois de saber que ele havia contratado meu velho amigo Rob Lowe. Agora parecia que fazia mais sentido do que nunca ele me selecionar para o papel. Porém, um mês inteiro se passou. Finalmente, Ed Zwick ligou. Quando fui vê-lo, em seu escritório, em Los Angeles, meu pior pesadelo se tornou realidade: ele se sentou e disse: "Você é perfeita para o papel, mas teria que me prometer que vai emagrecer." Nunca esquecerei esse momento. Senti uma combinação de mortificação doentia e pânico. E assim começou meu processo de tentar dominar e controlar meu corpo — e de medir meu valor por meu peso, meu tamanho, minha aparência.

Para ser justa com Ed, eu não estava como a protagonista magra. Não sou alta, tenho uma estrutura delicada e tinha *engordado* — de 7kg a 9kg, para mim, era muito. Se eu tivesse uma autoestima melhor, as coisas facilmente seriam diferentes. Eu apenas teria dito: "Bom, você está certo, ganhei um pouco de peso e posso emagrecer." E, exteriormente, é claro, foi exatamente assim que lidei com isso. Eu disse: "Claro que sei, farei o que for preciso, porque estou totalmente comprometida com o filme." (E eu *estava*, sabia o que significava ter um grande papel em um filme de estúdio que eu acreditava que poderia ser um sucesso.) Mas não abordei a questão de maneira racional e saudável. Fui arremessada em um poço de terror e autodepreciação.

Eu estava sóbria, claro, mas minha ansiedade recaiu na comida. Se subisse na balança, arruinava o dia inteiro. Tenho inúmeros diários daquela época, repletos de textos sobre minha dor e a tortura em relação ao meu corpo. Despertava no meio da noite, comia compulsivamente e acordava coberta de migalhas. Em dado momento, tranquei a porta da geladeira. Era como se a comida tivesse se tornado uma arma em uma guerra contra o meu corpo, o inimigo. Usei a comida como uma espécie de punição por tudo o que acreditava estar errado e sujo sobre mim mesma, a imbuía de todo sentimento ruim, toda a minha vergonha, e a devorava.

Com drogas, álcool ou cigarro, é um "sim ou não" claro — você os usa ou não. Sim ou não é categórico. Não acho que largar seja fácil, mas, na minha experiência, quando a negociação está fora de jogada, é apenas um *não*, e você consegue lidar com os sentimentos decorrentes. Depois de entender a ideia de que farrear não era uma opção, a situação ficou diferente. Mas, com comida, você não pode fazer isso. Você *tem* que comer. Lembro-me de alguém dizendo que é como ter que passear com um leão três vezes ao dia.

LIVRO ABERTO

Durante *anos*, não sabia comer. Não ajudou o fato de que, por causa da doença renal, eu tivesse danos no intestino e problemas no metabolismo por ter tomado altas doses de corticoides na infância. Eles salvaram minha vida, mas causaram estragos completos no meu sistema digestivo. Mas o problema não era só fisiológico: como percebi desde então, não aprendi a digerir também em termos *emocionais*. Nunca aprendi a pegar a decepção ou a rejeição e as decompor, metabolizar e digerir.

Se *Um Verão Muito Louco* exibia meu corpo em trajes de banho, *Sobre Ontem à Noite...* aumentava as apostas. Baseado em *Sexual Perversity in Chicago*, peça de David Mamet, *Sobre Ontem à Noite...* foi um filme ousado. Minha personagem, Debbie, e o de Rob, Danny, se encontram em um bar para solteiros e têm uma noite de sexo. Na manhã seguinte, Debbie basicamente foge. Lembre-se: isso foi muito antes de *Sex and the City*. A ideia de uma mulher que só quer transar, sem consequências, sem tentar iniciar um relacionamento, era radical. Havia muitas cenas de sexo, o que significava que eu ficava muito tempo nua em uma sala cheia de homens: operadores de câmera, produtores, os caras do som e o diretor, que disse que eu era gorda demais para atuar.

É revelador que, quando Rob e Ed recordaram o filme — que se tornou um grande sucesso — muitos anos depois para o lançamento do DVD, Rob lembrou que nós dois quase tivemos hipotermia em uma cena filmada ao ar livre em clima frio e, em outra cena, a dor que ele sentiu quando sua perna cedeu enquanto estava me carregando. Da minha parte, me lembro da agonia em exibir meu corpo para o mundo ver.

Felizmente, o elenco foi muito simpático e solidário, e nos demos bem. Eu nunca tinha trabalhado com Jim Belushi ou Elizabeth Perkins, que fazia sua estreia no cinema, mas havia uma camaradagem maravilhosa no set. Rob e eu éramos velhos amigos, e ele e Emilio

DEMI MOORE

também eram próximos, cresceram juntos em Malibu, então havia limites bem claros nas cenas de sexo que fiz com Rob, o que as deixou mais fáceis de filmar. Mas a consciência que eu tinha do meu corpo era quase paralisante.

Sobre Ontem à Noite... foi lançado em 2 de julho de 1986 e arrecadou mais de US$38 milhões. O filme recebeu boas críticas, na maioria das vezes, e eu também. Roger Ebert escreveu no *Chicago Sun-Times*: "Moore é especialmente impressionante. Não há um traço do romantismo que o filme tenha deixado de fora, e ela aflorou todos perfeitamente." Nenhum crítico comentou sobre meu corpo horrível, o que deveria ter me provado que ele só era horrível na minha mente.

DEPOIS, FUI FAZER minha primeira e única peça em Nova York, *The Early Girl*, fora da Broadway. O papel exigia que eu corresse no palco completamente nua, noite após noite, na frente de uma plateia. (O tema girava em torno de prostitutas de um bordel de Nevada.) Claramente, algo em mim atraía esses papéis. Eu poderia ter recusado, mas, em um nível profundo, sabia que precisava sair da zona de conforto — se pretendia superar meus problemas com meu corpo, teria que encará-los.

The Early Girl era apresentada no Circle Rep, e meus agentes encontraram um apartamento para mim em um dos primeiros prédios Trump na Quinta Avenida. Comemorei meus 23 anos lá e me atrevi a convidar Andy Warhol, que havia conhecido uma noite no Indochine. Fiquei surpresa ao ler, anos mais tarde, no *The Andy Warhol Diaries* que ele não só assistiu à peça, mas sentiu que "fiz Demi Moore me convidar para o casamento dela".

Emilio e eu tínhamos acabado de enviar os convites do nosso casamento quando um amigo me disse que o viu com outra pessoa em Los Angeles. Ele negou, é claro, mas eu não conseguia confiar nele. Durante um término de duas semanas, meses antes, ele dormiu com

LIVRO ABERTO

uma ex, negou e foi forçado a me dizer a verdade quando descobriu que ela estava grávida. No meu dia de folga da peça, passei a ir a uma terapeuta em Boston, recomendada pela minha madrinha Patsy.

Lembro-me da terapeuta me dizer após algumas sessões: "Normalmente, prefiro que o paciente chegue a um entendimento por conta própria. Mas não tenho tempo para deixar isso acontecer, então preciso lhe avisar. Se você se casar com ele, do jeito que está agora, vai arruinar sua vida." Ela sugeriu que Emilio fosse a uma sessão, pois queria que ele me comunicasse, pessoalmente, suas prioridades de forma direta. Ele foi resistente, mas finalmente topou e, quando revelou suas prioridades naquela sessão — você vai ficar chocado —, eu estava no final da lista. Suspendi o casamento, sem remarcar.

Quando a peça terminou, voltei para a Califórnia, mas, logo depois, Emilio foi para o Canadá fazer um filme — *Tocaia*, com Richard Dreyfuss. Lembro-me de tentar ligar e ele não atender, e de *perceber* que isso não significava que estava ocupado trabalhando. Ele também não queria me ver, e foi aí que pensei: *Quer saber? Vou parar de tentar falar com ele e chamar um corretor de imóveis.*

Encontrei uma adorável casa de praia dos anos 1950 no final de uma rua sem saída em Malibu. E então disse a Emilio que estava me mudando. Ele apareceu rapidamente com uma tatuagem de coração partido, tentando se redimir. Acho que ele era um desses homens, pelo menos na juventude, que passaria a achar uma mulher muito mais interessante depois de perdê-la. Mas já era tarde demais. Quando me decido, não há volta.

Ficamos amigos, no entanto, e fui com ele à estreia de *Tocaia*, alguns meses depois que terminamos. Acabou sendo uma noite que mudou minha vida, porque, naquela estreia, conheci um ator que era muito popular na época por fazer uma série de sucesso chamada *A Gata e o Rato*. O nome dele era Bruce Willis.

CAPÍTULO 11

"Ele está muito na sua, dando em cima de você descaradamente", disse Emilio sobre o moreno prepotente e bonitão que me foi apresentado como Bruce Willis. Na verdade, achei ele bem pedante de início. Por acaso, entramos ao mesmo tempo na estreia, e ele estava com um amigo meu, o comediante Rick Ducommun, que nos apresentou. Bruce já havia sido indicado ao Emmy por *A Gata e o Rato* duas vezes (venceria o prêmio no mês seguinte), mas eu não assistia muito à televisão e nunca tinha visto o programa — minha única familiaridade com o trabalho dele era um daqueles comerciais da bebida Golden Wine Cooler, da Seagram, que ele fazia. (Ao som de alguns acordes de blues na gaita, ele lamentava: "It's wet and it's dry! My, my, my.") Nós dois tínhamos contrato com a TriStar Pictures, então eu disse: "Soube que você é agenciado da TriStar." Ele respondeu, curto e grosso: "Nunca vou lá." Minha primeira impressão foi de que ele era o maior babaca.

Mas, quando o vi no pós-festa, no El Coyote, Bruce ficou subitamente muito mais solícito. "Posso lhe pagar uma bebida?", perguntou, assim que entrei. Eu disse a ele que não bebia. "Bem, deixe-me comprar uma Perrier", respondeu. Bruce — que foi barman na cidade de Nova York antes de se tornar uma estrela da televisão — se exibiu atrás do bar naquela noite, jogando a coqueteleira no ar, o tipo de coisa que parecia legal em 1987, mas que soa constrangedora agora. E Emilio tinha razão, Bruce me olhava *muito* enquanto fazia os malabarismos. Ele me secou tanto no decorrer da noite, que fiquei surpresa ao descobrir que estava acompanhado!

Mais tarde, as pessoas veriam um stand-up de Rick Ducommun no Improv. "Você tem que vir, mesmo!", imploraram-me Bruce e Rick. Vi que Emilio não estava lá muito satisfeito com a atenção que eles me deram — e eu gostaria de ter ficado menos entusiasmada. Mas o clube era caminho para minha casa, então achei uma boa. Quando cheguei, vi os amigos de Bruce sentados ao redor de uma mesa grande. Ao lado deles, Bruce separou dois lugares, com uma Perrier me esperando. Ele se adiantou e puxou a cadeira para mim.

Nunca tinha sido tratada assim. Bruce era muito galanteador — à sua maneira tempestuosa, um verdadeiro cavalheiro. Quando eu disse que era hora de ir para casa, ele se ofereceu para me levar até o meu carro. Ele estava ansioso — como um garotinho que não queria perder o caminhão de sorvete. Quando pediu meu número, dei uma risadinha adolescente. "Você tem uma caneta?", verificou os bolsos e não tinha. "Não vá!", falou e saiu correndo para pegar uma. Então ele anotou no braço — uma visão que eu teria milhões de vezes ao longo dos anos, Bruce sempre anotava coisas no braço. Mas, naquela primeira vez, notei que suas mãos tremiam. Ele estava vulnerável: toda a banca se fora.

Dirigi para casa relembrando os eventos da noite. *O que acabou de acontecer?*, pensava. *Quem é esse cara?* Fiquei tentando juntar todas as informações que tinha. (Isso foi antes dos celulares, eu não tinha como ligar para as pessoas perguntando sobre ele.) Na verdade, ninguém nunca tinha me convidado para um encontro. Conheci Freddy na

LIVRO ABERTO

cena musical e Emilio no set. Meus relacionamentos anteriores haviam acontecido por meio de proximidade e flerte. Mas esse não parecia uma investida — não era alguém que só queria mais uma conquista.

Bruce era direto. Nunca teve problema em ocupar seu espaço. (Definitivamente, nunca perguntou: "Tudo bem eu estar aqui?") Senti uma certa preocupação com Emilio — mesmo que ele tivesse me convidado como "amiga" naquela noite, eu sabia que tinha esperanças de voltar.

Quinze minutos depois, eu estava cruzando a Pacific Coast Highway em direção à minha nova casa, em Malibu, passando por Point Dume. À minha direita, estavam as montanhas e as estrelas, à minha esquerda, o oceano iluminado pela lua. Tudo estava em paz. Pensei em Emilio. Pensei em Bruce. E poderia jurar que ouvi meu nome ao vento. Não, não era meu pai me visitando do mundo espiritual. Era uma limusine na pista ao lado, com Bruce Willis e seus amigos morrendo de rir no teto solar, acenando e gritando: "Ei, Demi!" (Isso foi antes dos SUVs pretos onipresentes transportarem celebridades por toda parte. Quando Bruce estava festejando, contratava uma limusine para levar ele e os amigos para a noite em grande estilo.) Não acreditei que vi da minha janela o cara em quem estava pensando. Era como se o Universo me dissesse para reparar nele.

Bruce tirou o boné de beisebol para me cumprimentar quando nossos olhos se cruzaram, e acho que esqueceu que havia escondido um baseado atrás de cada orelha, porque saíram voando escuridão afora.

A PRIMEIRA COISA que fez na manhã seguinte foi me ligar. Perguntou se eu estava ocupada, e eu falei que iria para o condado de Orange ver George e DeAnna. "Vou com você", disse-me, para minha surpresa. Eu não tinha certeza se isso era uma boa ideia. A irmã do meu pai, Mary, estava lá, e ela era *peculiar*. "Minha tia excêntrica vai estar lá, e é uma casa muito pequena", falei. "Tem certeza?" Ele tinha.

DEMI MOORE

Mais uma vez, fiquei impressionada. Ele era um cara que passava duas horas em um carro só pelo prazer duvidoso de conhecer meus parentes estranhos. Estava disposto a sair da zona de conforto, fazendo algo *exclusivamente* para mim. Honestamente, foi chocante.

A casa dele, que ficava na praia, era caminho, então fui buscá-lo. Todos os seus amigos ainda estavam lá da noite anterior — viajavam em bando por Los Angeles, festejando e conhecendo lugares e garotas. Eram uma versão dos anos 1980 de *Entourage*, mas bem-humorados e divertidos, se autodenominavam New Rat Pack. Naquela manhã, conheci John Goodman e Woody Harrelson, que atuava na série *Cheers* — ambos se tornariam bons amigos. Bruce se despediu do bando e lá fomos nós.

Foi um passeio divertido. É difícil não se sentir bem quando alguém lhe dá tanta atenção. Acho que Bruce me viu como um tipo de tábua de salvação quando nos conhecemos, não sei o motivo — talvez em parte porque eu estava sóbria e não era festeira. Ele prestava atenção em tudo o que eu falava e não revirou os olhos quando chegamos ao condado de Orange e conheceu minha tia maluca. "Somos do Nooovooo México!" foi a primeira coisa que ela falou. Bruce apenas entrou na onda. George e DeAnna gostaram muito dele; ele tinha as qualidades dos homens da nossa família: carismático, travesso, com um brilho nos olhos. Um homem charmoso, com um grande senso de humor, como meu pai e meu avô (muito mais do que eu imaginava na época).

Na noite seguinte, ele me levou ao centro para ver uma peça de Shakespeare em que John Goodman atuava (se bem me lembro, a maior parte do New Rat Pack estava lá). Desde o primeiro encontro, Bruce e eu raramente nos separávamos. Ele me fazia sentir como uma princesa, ele vivia bem — e logo passei a viver também. Bruce veio do nada, e agora que estava famoso, queria o melhor de tudo, e muito. Íamos a algum restaurante e ele pedia três entradas e dava apenas algumas mordidas em cada, só porque podia. Ele adorava apostar. Apre-

LIVRO ABERTO

ciava o poder que o dinheiro tem de eliminar obstáculos. Anos depois, às 3h da manhã, quando uma das nossas filhas estava chorando, ele se inclinava e sussurrava: "Eu lhe dou mil dólares se for trocar a fralda."

Bruce, tendo trabalhado em Manhattan, no Café Centro, que era megapopular na época, conhecia todos os restaurantes e boates "do momento" e gostava de me expor a um mundo de vantagens totalmente novo. Pouco tempo depois que nos conhecemos, voamos em um avião particular para ver sua banda se apresentar em um parque de diversões — foi a primeira vez que viajei em um jatinho. *Uma garota pode se acostumar com isso*, pensei.

Algumas semanas depois, ele me levou para Londres. Foi um turbilhão, minha primeira vez na Europa. Eu nunca tinha tido jet lag e, quando fomos jantar, na nossa primeira noite, senti como se tivesse sido atropelada por um caminhão, sem entender o que havia de errado comigo. E os paparazzi de Londres estavam em outro nível — por exemplo, eram permitidos no aeroporto. Eles nos esperavam quando pousamos e não desgrudaram todo o tempo em que ficamos na Inglaterra. Eu nunca tinha vivido algo assim. Fomos perseguidos, caçados — lembro-me de uma vez que um fotógrafo correu pela rua atrás de Bruce. Ele tinha a capacidade de se esquivar, mas eu teria ficado mais feliz no hotel. Eu era totalmente despreparada para esse sentimento assustador de estar encurralada. Fica um pouco mais fácil quando você sabe o que esperar, mas e aí? Fiquei chocada. Sendo sincera, quando entramos no avião para voltar para casa, me senti aliviada.

Foi uma amostra do que estava por vir. Um dia, pouco depois de voltarmos de Londres, estávamos na praia da casa de Bruce com seus amigos, e fui dar uma volta com seu jet ski. Alguém com uma lente de longo alcance fez fotos minhas de biquíni — meio gorda — que, é claro, se tornaram manchete gritante nos tabloides, confirmando todos os meus piores medos e alimentando o fogo excruciante do meu trans-

DEMI MOORE

torno alimentar. Eu estava infeliz, mas Bruce insistia que me achava toda linda; ele aplacou meu medo e minha ansiedade com seu amor.

Quando Bruce e eu nos juntamos, compartilhamos nossos traumas. Bruce teve uma infância difícil. Ele era gago, o que teve o efeito colateral positivo de fazê-lo atuar. Por alguma razão, as crianças que gaguejam conseguem se expressar de forma inteligível no palco, recitando as falas decoradas, diferente de quando criam sentenças em tempo real. Então, Bruce e eu crescemos nos apresentando, interpretando papéis para sobreviver.

Ele era o mais velho dos irmãos, filho de uma mãe imigrante muito trabalhadora, que nunca foi apreciada pelo marido. Anos após o divórcio, o pai amadureceu, como tende a acontecer com os homens quando envelhecem. (Você sabe como é, são idiotas quando jovens, depois ficam gentis quando envelhecem. É a mãe quem parece amarga e desagradável em comparação, mas foi o marido quem criou essa imagem.)

Imagino que seria difícil ver o garoto magoado sob o exterior malandro de Bruce se você não o conhecesse. Mas, acredite, está lá. Vi isso nele imediatamente. Nós nos abrimos, nos aprofundamos — falando sobre o quanto queríamos ter filhos, nossa própria família. Tínhamos uma visão compartilhada para o nosso futuro. Acho que nós dois queríamos preencher o vazio, aquela sensação que sempre tivemos de faltar algo.

Bruce estava de férias de *A Gata e o Rato* quando nos conhecemos, e eu tinha acabado de fazer *A Sétima Profecia*. Conseguimos passar quase todo o tempo juntos, até que ele começou a fazer um filme de ação com o qual estava bem animado: *Duro de Matar*. Houve muitos boatos sobre o filme, em grande parte porque disseram que Bruce recebeu US$5 milhões para estrelá-lo. Fui vê-lo no set, o que acabou sendo aterrorizante. Ele quase morreu pulando de uma garagem de cinco andares, caindo no airbag que estava embaixo quando foi desviado do curso por uma explosão programada. (Ele achou graça. Eu não.)

LIVRO ABERTO

Quando tirou um fim de semana de folga das filmagens, me levou para Vegas, em outro jato particular, para ver uma luta — ele adorava boxe. Era Chavez contra Rosario, e foi horrível. O treinador de Rosario teve que interromper o combate. Não ligo para boxe, mas não gosto de banhos de sangue.

Íamos para as mesas de jogo quando Bruce disse: "Acho que devemos nos casar." Tínhamos brincado com isso no voo para lá, mas de repente não parecia brincadeira. "Acho que devemos nos casar", disse novamente. Fiquei sem palavras. Ele, por outro lado, não parava de falar: "Sério, vamos! Vamos fazer isso." Respirei fundo e disse: "Ok, vamos."

Engravidei na noite de núpcias, 21 de novembro de 1987, no Golden Nugget. (Sim. Vegas. Grávida. Você pode tirar a garota de Roswell, mas aparentemente não pode tirar Roswell da garota.)

Decidimos fazer um casamento de verdade cerca de um mês depois, e foi uma produção enorme. Foi um presente da TriStar para nós, pois entenderam a oportunidade de publicidade única que tinham em mãos. Bruce estava prestes a passar de galã de TV para estrela de cinema internacional, e eles também tinham grandes esperanças para mim, depois que *Sobre Ontem à Noite...* foi um grande sucesso. Nosso segundo casamento foi tão luxuoso e exagerado quanto o primeiro foi de supetão. Foi realizado nos estúdios da Warner Bros., e pegaram emprestada uma escada de *Designing Women* para que eu fizesse uma entrada triunfal na "capela", onde colocamos assentos tradicionais estilo igreja.

Little Richard realizou a cerimônia. ("DahMEE, você aceita este homem como seu legítimo esposo, morando em uma grande mansão na colina ou em um 'apertamento'?") Annie Leibovitz foi a fotógrafa. As damas de honra vestiam preto e entraram com os padrinhos cantando "Bruno's Getting Married", escrito para a ocasião pelo amigo de Bruce, Robert Kraft. Depois, fomos a um segundo estúdio para a recepção,

DEMI MOORE

que foi decorado com palmeiras estilo Copacabana. Deveria ter sido o máximo, um dos grandes e radiantes dias da minha vida. Mas, na verdade, me senti sobrecarregada. Os pais de Bruce compareceram — a primeira vez que ficaram no mesmo ambiente desde que se divorciaram —; George e DeAnna estavam lá, é claro, e minha avó foi do Novo México com seu namorado, Harold (embora ela tenha ficado preocupada quando eu lhe disse que estava com Bruce, porque lera nos tabloides que ele era um festeiro desenfreado). Minha mãe também foi, para arrematar.

Ginny fez uma cena, é claro, enquanto estava na cidade para o casamento. Na (segunda) noite de núpcias, ela estava na minha casa, e Bruce e eu, na dele, quando o telefone tocou, às 2h da manhã. Era a polícia, ligando para relatar uma baderna. Sinceramente, não consigo me lembrar dos detalhes — houve tantos incidentes como esse, que eles se misturam na minha memória —, mas basta dizer que Ginny estava alcoolizada e conseguiu começar uma briga com meus vizinhos, drástica o suficiente para depender de intervenção policial. Fiquei furiosa com ela por não ter se contido, nem dessa vez, por mim.

Bruce logo compreendeu a situação com minha mãe e percebeu que, no que dizia respeito a ela, quanto mais limites fossem estabelecidos, melhor. Muito em breve, eu precisaria de um modelo de como ser mãe e, embora continuasse a ter uma falsa esperança de que algum dia, de alguma forma, ela tomasse jeito, isso obviamente não era algo em que eu pudesse confiar.

RUMER GLENN WILLIS nasceu de parto natural, em 16 de agosto de 1988, em Paducah, Kentucky, onde Bruce estava gravando *Fantasmas da Guerra*. Eu queria ter a experiência exatamente oposta à que minha mãe teve, queria ter todas as sensações, estar completamente presente e consciente a cada momento do parto, por mais doloroso que fosse. Tive que trocar de médico no último minuto para encontrar alguém que apreciasse minha abordagem: "Faço isso com todas", ele me assegurou. "Nunca precisaram de episiotomia." Rumer passou a primeira meia hora de sua vida apenas comigo e com Bruce na cama do hospital, enquanto nós dois nos apaixonávamos loucamente pela nossa filha. Então me levantei, tomei banho e saímos do hospital.

Ela foi nomeada em homenagem à autora britânica Rumer Godden, que descobri em uma livraria quando estava com dificuldade para achar o nome perfeito e único para meu primeiro bebê. Adorei engravidar. Toda a experiência foi maravilhosa, do começo ao fim. Não foi nada ruim ouvir Bruce me dizer sem parar como eu estava bonita grávida.

Ser mãe parecia totalmente natural. É uma das poucas coisas em que posso dizer com confiança que sou muito boa. Cuidar de Rumer, ter alguém para amar que me amava e precisava de mim incondicionalmente, exatamente como eu era, sem nenhum tipo de julgamento, era indescritível. Demorei mais de dois anos para deixar Rumer sem mim por uma única noite — dois anos amamentando-a.

Até meu relacionamento bagunçado com minha mãe pareceu transformado pelo nascimento de minha filha. Ginny passou uma semana conosco depois que Rumer nasceu, e não me lembro de ter tido uma convivência melhor com ela. Era quase como se ela também fosse capaz de excluir todos os fatores externos problemáticos de sua vida para se dedicar totalmente a essa experiência. Ela se preocupava com o bebê e tirava muitas fotos — todas as coisas que uma avó normal faria. Quando partiu, nos senti mais conectadas como mãe e filha do que nunca. Às vezes, me pergunto se deveria tê-la convidado para morar conosco e assumir o papel de avó em período integral — se isso teria redirecionado sua vida e lhe proporcionado a sensação de propósito, segurança e satisfação de que tanto precisava.

Eu estava com 25 anos. Era muito mais madura do que Ginny quando ela me teve, aos 18, mas eu ainda era jovem. A vida saltou de um evento enorme para o seguinte com muita rapidez. Em um minuto eu estava planejando meu casamento, no próximo, comprando roupas de bebê. Bruce e eu estávamos nos tornando o casal "vinte". Tivemos a bênção de ter uma menininha bonita e saudável, e tínhamos mais dinheiro do que qualquer um de nós sonhava quando criança.

Sei que isso soa como a vida perfeita. Mas, como logo descobriria, se você carrega uma vergonha e um trauma não resolvido, nenhum dinheiro, nenhum sucesso nem fama nenhuma consegue aplacá-los.

CAPÍTULO 12

Logo depois que nos conhecemos, Bruce comprou uma propriedade no Wood River Valley, em Idaho, em uma cidade chamada Hailey. Ele quebrou a clavícula em um acidente de esqui nas proximidades de Sun Valley e, enquanto estava se recuperando, se apaixonou pelo silêncio, pelo grande céu e pela indiferença que a população local parecia demonstrar em relação a qualquer coisa relacionada a Hollywood. Também me apaixonei por aquele lugar de imediato. Reformamos completamente a casa original — apenas a porta da frente permanece — e desde então fiquei lá o máximo possível, principalmente com minhas filhas. Tornou-se meu oásis, o lugar no qual me sentia mais em casa do que em qualquer outro — e ainda me sinto. Há algo em estar cercado pelas montanhas Sawtooth, com aquele ar limpo e frio, quase sem ruídos, exceto pela corrente rápida do rio Big Wood, que me acalma e me dá uma sensação de paz. Rumer tinha apenas doze dias quando a levamos a Hailey pela primeira vez. As primeiras semanas e meses de sua vida foram maravilhosos para mim.

DEMI MOORE

Porém, quatro meses depois daquela ótima estada com minha mãe e a bebê, recebi um telefonema da polícia. Ginny tivera uma overdose medicamentosa e fora levada às pressas para o hospital. Ela ficou bem, mas, meses depois, recebi outra ligação. Ela fora presa por dirigir embriagada. Estava obviamente desmoronando, então a encaminhei para a reabilitação.

A primeira coisa que ela fez quando saiu foi vender uma história para um tabloide sobre sua recuperação... e nossa relação conturbada.

Fiquei furiosa. Entenda, eu *odiava* os tabloides. Ser perseguido pelos paparazzi pode não parecer assim tão grave. Antes que fizessem parte da minha vida, tenho certeza de que não acharia nada demais se lesse sobre a combinação de horror, pânico e raiva que uma atriz sentiu apenas porque muitos caras estavam sempre tirando fotos dela. Mas pense assim: sabe aquela ocasional sensação maravilhosa, de quando você tem uma hora para si mesmo e nenhum de seus filhos, clientes ou pais precisa de nada, não há necessidade de atender ao telefone, e é possível simplesmente sair pela porta da frente — ou da garagem — e se misturar com o mundo? Quando os tabloides o perseguem, isso não existe. Ter paparazzi sempre esperando para atacá-lo como cães selvagens — irracionais, ameaçadores, interessados apenas no que eles podem *obter* — é invasivo em um nível quase existencial.

Desnecessário dizer o quanto pedi a Ginny para não fazer isso de novo. Tentei explicar que foi uma violação compartilhar detalhes (e mentiras) sobre minha infância com publicações voltadas para enganar, explorar e promover sensacionalismo. Ginny concordou, mas então começou a vender fotos minhas. Obviamente, ela não tinha entendido a questão. Tenho uma cópia de uma das cartas de seu "agente" ofertando os direitos de algumas fotos minhas para revistas na Itália, Austrália, Alemanha, Espanha, Grã-Bretanha e França: "A mãe de Demi Moore finalmente abriu o álbum de família para revelar os segredos fotográficos de sua filha famosa!" dizia, descrevendo dezoito

LIVRO ABERTO

fotos nunca publicadas, incluindo uma do meu casamento com Freddy, que, segundo a carta, "tentei esconder". Também menciona uma foto do meu casamento com Bruce, uma imagem nossa em uma banheira de hidromassagem e uma foto minha quando criança em uma cama de hospital, com a legenda "no dia em que ela quase morreu". Ginny e seu agente pediram US$10 mil a cada país.

Eu a persuadi a retirar uma foto de Rumer que ela queria enviar e a de Bruce na hidromassagem, mas não consegui convencê-la a não vender o resto, o que acabou comigo. Sua atitude por dinheiro fomentou algo que despendi uma quantidade enorme de tempo e energia para manter fora de nossas vidas. Até hoje, ainda faço esforços extras para pensar sobre onde estou indo, o acesso que os paparazzi terão e qual é o meu nível de conforto. Se multiplicar esse cuidado por cem, o resultado é a maneira como me senti quando Rumer — e depois suas irmãs — eram pequenas. Eu queria proteger minhas filhas de tudo que era invasivo e feio; esta foi uma das principais razões pelas quais acabamos criando nossas meninas em Idaho, e não na Califórnia. Foi uma das melhores decisões que Bruce e eu já tomamos.

O fato de Ginny não reconhecer o que estava fazendo era uma traição completa, pois ela sabia muito bem como eu me sentia sobre essas revistas e as mentiras que divulgaram sobre mim no passado.

Estou ciente: a única coisa surpreendente nisso tudo é que fiquei — mais uma vez — *surpresa*. As crianças são condicionadas a confiar nos pais. É incrível quanto tempo leva para que a ficha caia.

DECIDI QUE, depois da gravidez, meu corpo ficaria melhor do que nunca. Considerei-a como uma oportunidade de recomeçar. Em três meses, perdi todo o peso da gravidez, mais 3,5kg. Fui convidada a apresentar o *Saturday Night Live*, e os roteiristas me fizeram basear meu monólogo de abertura na seguinte frase: "Tive um bebê há ape-

DEMI MOORE

nas doze semanas e *olhe* para mim!" Nunca me senti à vontade com essa ideia, mas naquela época não tinha a segurança para negar. Eles afirmavam: "Confie em nós, vai funcionar!" E poderia ter funcionado, se eu conseguisse internalizar e me comprometer com a cena. Só não sabia como dizer: "Não estou ótima?" de forma que soasse engraçado o bastante.

Esse monólogo era uma tortura. Foi aterrorizante ficar na frente de uma plateia ao vivo e basicamente fazer stand-up; e, para ser sincera, eu tinha medo de que a piada fosse eu. Toda a negatividade na minha mente roubou essa experiência de mim, e não fui muito presente com os artistas incríveis que estavam no elenco na temporada: Dana Carvey, Jon Lovitz, Phil Hartman, Nora Dunn e Al Franken. O *SNL* é bem dinâmico — lembro que, no final do programa, quando dávamos boa noite para o público, eu finalmente sentia: *Ok, agora entendi. Vamos fazer tudo de novo de verdade!*

Pouco tempo depois do *SNL*, me ofereceram uma comédia com Robert De Niro e Sean Penn, chamada *Não Somos Anjos*. Seria dirigida por Neil Jordan, um irlandês cujos filmes *Mona Lisa* e *O Fantasma Excêntrico* eu admirava, e a ideia de estar em um filme com esses atores era emocionante. Se eu era boa o suficiente para trabalhar com pessoas desse calibre, disse a mim mesma, o quanto eu poderia ser ruim?

Parecia um ponto de virada, uma indicação de que talvez fosse a hora de confiar mais em mim como atriz. No entanto, a reação de Bruce à oportunidade não foi o que eu esperava. Lembro-me como se fosse ontem de estar no quarto, trocando a fralda de Rumer, e dizer a Bruce que projeto incrível seria, como eu estava animada por gravar no Canadá com o Robert De Niro. A expressão de Bruce foi impassível quando ele disse: "Isso nunca vai funcionar."

Fiquei perplexa. "Como assim, isso nunca vai funcionar?", não entendi do que ele estava falando.

Vovó Marie e vovô Bill King.

Danny na infância; destaque para seu estrabismo.

Meu pai, Danny Guynes, à esquerda, com seus oito irmãos.

Minha mãe, Ginny, na adolescência.

Foto do anuário de ensino médio de Danny.

Ginny e Danny em um baile da escola.

Foto do anuário de ensino médio de Ginny.

Casamento de Ginny com Charlie Harmon, em 1962.

Seu casamento com Danny, menos de um ano depois, em fevereiro de 1963.

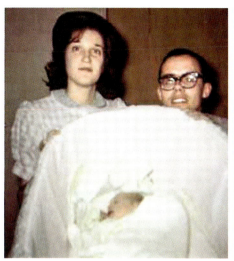
Ginny e Danny comigo pouco depois do meu nascimento; eles ainda eram adolescentes.

Quatro gerações de mulheres: Minha bisavó, Metcalf, Ginny (me segurando, recém-nascida) e vovó Marie.

Com Danny e vovó Marie. Nunca conseguirei expressar o quanto minha avó materna e a segurança que ela sempre me passou significam para mim.

Eu com 1 aninho.

Eu com 3 anos nesta relíquia de foto tirada pelo meu pai e encarnando uma vaqueira.

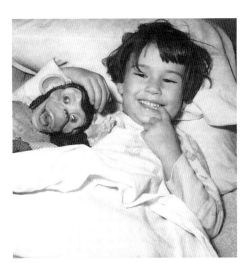

Com meu macaquinho querido. Até hoje é o meu favorito.

Com Danny, pouco antes de receber alta da primeira vez em que fui internada, para passar o Natal em casa.

Recém-saída do hospital, alimentando meu irmãozinho.

Meu primeiro par de óculos.

Com Ginny, Morgan, Danny e tia Betty.

Hora do banho com Morgan.

Minha primeira apresentação, tocando pandeiro e dançando "Sugar, Sugar", dos Archies.

Colegas de quarto: minha segunda crise renal, aos 11 anos, aconteceu junto com a operação de hérnia que Morgan fez.

Com a mamãe no Natal, seu feriado favorito.

O mascote cresce: líder de torcida em Roswell, 1975.

Com papai, Morgan e meus primos cerca de um ano antes do divórcio dos meus pais.

Com Freddy, em 1980, um ano antes de nos casarmos.

Meu tio George me levou até o altar, quatro meses após o suicídio de Danny. Eu estava com 18 anos.

Com DeAnna na festa do meu casamento. Minha tia e meu tio sempre foram meu porto seguro.

Minha primeira "foto de rosto" após operar o estrabismo.

No set, para filmar *Feitiço do Rio*, primeiro filme impactante que fiz, em 1982, no Brasil.

Bons tempos com Emilio. Suspender nosso casamento foi uma das coisas mais difíceis que já tive que fazer.

Com Patsy Rugg, em 1996. Ela foi mais do que madrinha, era uma segunda mãe para mim.

Com Morgan, comemorando meu aniversário de 23 anos, em Nova York, quando fiz minha estreia fora da Broadway, em *The Early Girl*.

Bruce tirou meus pés do chão: nos conhecemos, nos casamos e em quatro meses estávamos grávidos.

Nossa "segunda" foto de casamento, feita pela genial Annie Leibovitz em dezembro de 1987 (nós nos casamos em Las Vegas, em 21 de novembro).

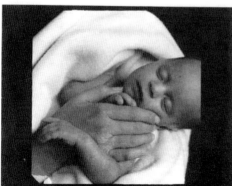

Um dos bônus de trabalhar com Annie era a possibilidade de registrar o crescimento de nossa família ao longo dos anos.

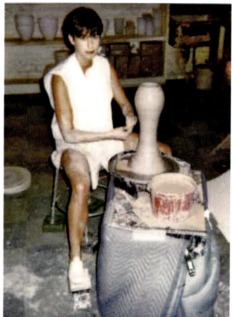

Uma década de trabalho e diversão, de *Ghost* a *Até o Limite da Honra*. Hunter Reinking (*foto inferior à direita*) entrou em nossas vidas quase ao mesmo tempo em que Tallulah e me acompanha nessa montanha-russa há mais de 25 anos.

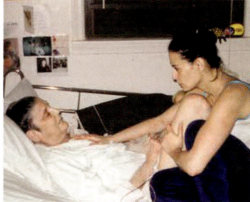

Serei eternamente grata por ter cuidado da minha mãe em seus últimos meses de vida.

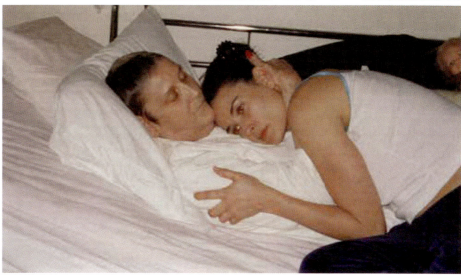

A conexão e o amor que Ashton e eu compartilhamos foram mágicos; embora nossas derrotas tenham sido insuperáveis, as vitórias foram inesquecíveis (*foto do canto superior esquerdo tirada por Mario Testino*).

Nosso lar é onde nosso coração está: do topo da montanha com Ariel Levy e Sheri Slater até a turma do Natal — Jacqui, Gia, Linda, Masha, Patrick, Rumi Lou, Eric, Greta, Sarah Jane e Sheri-O. E, sempre, meus três macaquinhos.

LIVRO ABERTO

"Isso nunca vai funcionar", continuou, "se você estiver gravando um filme". O que ele quis dizer é que *nossa vida* não funcionaria se eu estivesse absorta em algo fora da nossa família.

Fiquei surpresa. Não era segredo o que fazíamos da vida antes de começarmos uma família — Bruce entendia o que meu trabalho implicava, e presumi que ele soubesse que eu continuaria. Mas, no curto espaço de tempo de quando nos conhecemos até nos casarmos, só trabalhei com a imprensa e outros aspectos paralelos do meu trabalho, não me dediquei de fato, em tempo integral, a um filme. Até então, meu trabalho não envolvera nenhuma exigência que me fizesse deixar de priorizar *Bruce*.

Naquele momento, enquanto eu trocava a fralda, nossas perspectivas se chocaram pela primeira vez. Senti o pânico crescer. "Bem, *vamos fazer* isso funcionar", falei e comecei a buscar soluções. Garanti que o cronograma fora pensado para que eu conseguisse levar Rumer comigo, e eu voltaria para casa, para ficar com ele. Senti muita *urgência* de ter uma conversa clara com Bruce sobre nossas suposições em relação a trabalho, papéis de gênero e parentalidade — aspectos profundos dos quais obviamente precisávamos para construirmos juntos um casamento bem-sucedido. Em vez disso, pulei direto para: "Como posso corrigir isso?" e comecei freneticamente a buscar o que seria necessário para acomodar os horários de Bruce — e suas expectativas.

Rumer tinha cinco meses quando a levei comigo para filmar *Não Somos Anjos*, e eu voava para casa com ela todo fim de semana. Acho que Bruce foi até nós uma vez. Foi difícil. Eu não estava mais confiante com o trabalho e não tinha o apoio de alguém dizendo: "É claro que você pode fazer isso." Eu me sentia a única apoiadora de mim mesma e do meu relacionamento.

Foi inspirador atuar ao lado de Penn e De Niro, mas havia um clima ruim no set — Sean e o diretor não se alinhavam. O filme não foi um

DEMI MOORE

sucesso comercial. Mas meu próximo filme, graças a Deus, compensaria isso.

GHOST TINHA UM roteiro incomum. Havia o romance entre os protagonistas, tão profundo que transcendia a morte; um assassinato e a busca pela verdadeira motivação do assassino; e toda uma história paralela engraçada, envolvendo uma duvidosa vidente vigarista. Realmente, eram três filmes em um: uma história de amor, um suspense e uma comédia. E consistia em uma experiência desconhecida para o diretor, Jerry Zucker. Ele teve um sucesso com o hilário clássico *Apertem os Cintos... O Piloto Sumiu!*, mas nunca tinha tentado algo assim.

Eu tinha um profundo interesse no aspecto espiritual da história, na conexão que todos temos com o que está além dos nossos sentidos, por isso fiquei impressionada com essa particularidade do roteiro. Mas sabia que, com tantos elementos em jogo, era um filme arriscado. Quando li *Ghost*, pensei: *Das duas uma, vai ser um desastre completo ou vai ser incrível.*

Não tive que fazer teste para o papel de Molly Jensen, a protagonista, pois eles tinham visto meus outros filmes e me queriam neste, o que foi lisonjeiro. Encontrei Jerry e os produtores duas vezes, uma em Los Angeles e outra quando Bruce, Rumer e eu paramos em Nova York a caminho de Paris, indo para nossas primeiras férias de verdade em família. Estava determinada a cortar o cabelo lá — tinha uma foto de Isabella Rossellini muito chique na minha carteira, para mostrar ao meu cabeleireiro parisiense imaginário. Ainda não tinha decidido atuar em *Ghost*, então me senti livre para fazer o que quisesse com o visual.

Eu nunca tinha ido a Paris e não falava uma palavra de francês. Mas era uma mulher com uma missão: vasculhei o quarteirão do apartamento que alugamos até encontrar o primeiro salão e mostrei a eles

LIVRO ABERTO

a foto de Isabella em toda sua sofisticada glória de cabelos curtos. Era Paris, afinal, eu imaginava que eles entenderiam de estilo, então é claro que conseguiriam replicar o corte.

Mas não conseguiram. O corte, apesar de curto, não era o que eu tinha em mente. Curiosamente, quando voltamos aos Estados Unidos, fui ver um cabeleireiro recomendado por um amigo. Ele deu uma olhada na foto de Isabella Rossellini e disse: "Eu que cortei o cabelo dela." E então ele consertou o meu. Eu amei. Esse corte de cabelo fez exatamente o que eu esperava: me deu uma aparência totalmente nova e me fez sentir renovada e encorajada. Havia algo novo e inesperado nele.

Jerry Zucker ficou chocado — e, tenho certeza, horrorizado — quando o encontrei depois que voltamos e lhe disse que tinha decidido fazer o filme. Ele contratara Patrick Swayze para interpretar o protagonista Sam Wheat e, para a namorada, escolheu uma atriz com cabelos escuros compridos e esvoaçantes. Em vez disso, de repente, tinha alguém com praticamente zero cabelo. Mas Jerry comprou a ideia e não me fez usar peruca, e, pessoalmente, acho que o cabelo curto combinou perfeitamente com a personagem.

Molly seria uma artista, levando uma vida boêmia no Tribeca — o antigo Tribeca dos anos 1980, uma terra de artistas sobrevivendo com pouco em lofts, embora, profeticamente, seu namorado, Sam, trabalhasse com finanças, assim como muitos habitantes do Tribeca hoje. Jerry tinha uma visão muito particular em mente. Levou Patrick e a mim para vermos o loft que imaginava em Nova York. Ele sentia que o local dizia tudo sobre o relacionamento e o estilo do casal. Os cenógrafos da Paramount o recriaram até o último detalhe para nós, em Los Angeles. Para mim, esta sempre foi uma das partes mais milagrosas da indústria cinematográfica: um diretor mostrar à equipe a cozinha de sua mãe, por exemplo, e dizer: "É isso que quero", e então eles criarem seu duplo como se fosse um passe de mágica. Quando chegamos ao set,

DEMI MOORE

vimos que o "loft" que construíram era *exatamente* como o que Jerry encontrou no Tribeca, das tábuas rangentes do piso às janelas altas.

A principal forma de arte de Molly era a cerâmica, e eles contrataram um oleiro para me ensinar a usar uma roda. Pratiquei inúmeras vezes com potinhos pequenos, que ainda tenho. Eles são muito amadores, é claro, mas me lembram de como foi uma experiência singular conhecer o artista cujo trabalho usamos no filme como se fosse de Molly. A personagem tinha muita paixão por seu ofício e uma facilidade real com a argila. Logo descobri que a menor pressão transformava — e destruía — a forma que você estava fazendo na roda, e lá estava eu, fingindo isso no filme. Foi especialmente desafiadora a cena em que Patrick se juntou a mim à roda de oleiro, com nossas duas mãos moldando a argila à medida que ela crescia cada vez mais, até se tornar basicamente uma ereção gigante de barro — em risco de desmoronar.

Outro aspecto indutor de ansiedade desse filme era muito mais profundo. Ao ler o roteiro, reconheci o nível de emoção que seria necessário. Não cenas de soluços histéricos, mas cenas que eram silenciosamente intensas, o tipo mais difícil. Lembrei-me de Emilio e sua família conversando sobre atores chorando, e como torciam o rosto, o que fazia suas lágrimas parecerem forçadas e falsas. Mas eu não sabia se conseguia chorar — e não quero dizer apenas como atriz. Também não o fazia fora da tela. Nunca. Aprendi a engolir o choro para sobreviver e não tinha certeza de que de repente poderia extravasar esse tipo de emoção. Como acessaria lágrimas sob demanda, quando eu nem sabia como deixá-las sair? Fiquei muito ansiosa sem saber se seria capaz de fazê-lo, o tipo de ansiedade que lhe diz: você *precisa* superar isso.

Esse foi o tesouro que o filme me deu — me fez descobrir como acessar minhas emoções, principalmente a minha dor. Trabalhei com um treinador de atuação chamado Harold Guskin, que começou explicando sobre a respiração e como podemos usá-la para controlar nossos sentimentos. Ele me guiou com um exercício que imitava o que costumamos fazer naturalmente ao nos sentirmos emocionados — que é, basicamente, prender a respiração. O objetivo do exercício era me ajudar a entender como conectar qualquer emoção presente na cena ao meu ser físico. Com ele, percebi o quanto eu prendia a respiração. Respire rapidamente, inspire e segure: eu fazia isso há anos, sempre que o medo, a tristeza ou a raiva chegava. Desativei minhas emoções usando a respiração para trancar meus sentimentos em mim.

Só essa informação já foi libertadora. Aquele lampejo de consciência era simples e revelador, mostrando que essas emoções estavam *dentro de mim* e que eu não tinha uma falta de sensibilidade. Por causa de *Ghost*, aprendi a respirar, e isso me ajudou a liberar meus sentimentos, a me conectar com eles de uma maneira mais saudável. Isso teve um enorme impacto em mim e em como eu me via. Definitivamente, havia alguns bloqueios (e ainda há), mas foi um daqueles grandes momentos que não só me abriu um mundo em termos pessoais, como também foi muito poderoso no filme. Recentemente, me diverti quando estava no Sundance promovendo o filme *Corporate Animals*, e um jovem jornalista disse que seu momento favorito de todos os filmes foi quando uma única lágrima rolou pela minha bochecha em *As Panteras: Detonando* enquanto eu dizia: "Eu nunca foi boa; eu sou ótima." Então ele mencionou *Ghost* e perguntou: "Como é ser a maior chorona da história do cinema?" Emocionou-me pensar que passei de *nunca* chorar para ser conhecida pelas minhas lágrimas.

Uma das coisas que gerou identificação nas pessoas na minha atuação em *Ghost*, acho, foi o nível de vulnerabilidade que consegui passar — que, na verdade, sinto. Toda a minha experiência em fazer esse filme foi ótima, principalmente porque filmamos em Los Angeles, então não houve conflito com Bruce sobre eu estar fora. E havia uma boa química entre o elenco e a equipe. Às vezes, em um set, você sente que nada está funcionando e só está lutando para passar por todas as cenas. Mas *Ghost* tinha o tipo de set em que havia apenas uma faci-

DEMI MOORE

lidade geral de alinhamento e você sentia tudo se conectando. Não faz muito tempo, fui entrevistada para um documentário sobre Patrick. Eles me mostraram algumas cenas dos bastidores que eu nunca tinha visto e fiquei impressionada com nossa relação doce, transparente e confortável. Isso o representa completamente.

Na primeira exibição do filme, todo mundo, dos meus agentes aos executivos dos estúdios, estava em êxtase — e eu também. Levei a sério suas avaliações experientes: se achavam que tudo daria certo, eu achava também. Estávamos empolgadíssimos para ler os comentários, mas, quando vimos o primeiro, foi horrível. O crítico detestou *Ghost*, o que marcou um ponto de virada para mim: é melhor não ler as críticas, decidi, porque, se você atribui peso e poder ao bom, também precisa fazê-lo com o mal, e, assim, fica à mercê de outra pessoa.

Enquanto isso, o filme foi um sucesso nas bilheterias quando estreou, no verão de 1990. Arrecadou mais de US$200 milhões. E teve um impacto duradouro. Até hoje, ouço pessoas de todo o mundo comentando o efeito profundo que o filme teve sobre elas, particularmente as que perderam alguém, e senti que ele lhes deu esperança.

Ghost também foi meu primeiro filme "de adulto". Com isso, quero dizer que fui incluída em todos os aspectos do processo criativo, desde o design de produção até a música. Líamos os jornais todos os dias no almoço, e havia uma clara sensação de rigor e total profissionalismo em todo o empreendimento. Havia um pouco disso em *Sobre Ontem à Noite...*, é claro — talvez *Ghost* fosse diferente para mim porque estava um pouco mais velha e menos insegura. Mas também acho que tinha uma certa mágica, e o público sentiu isso em um nível visceral.

Os detratores se mostraram errados sobre *Ghost* quando foi indicado para cinco Prêmios da Academia. Fiquei encantada quando Bruce Joel Rubin ganhou o Oscar de melhor roteiro original, e Whoopi, de melhor atriz coadjuvante. Fiquei satisfeita comigo, ganhei uma indicação ao Globo de Ouro de melhor atriz, que Julia Roberts levou por

Uma Linda Mulher, outro filme que resistiu ao teste do tempo. Hoje, se você vir *Ghost* ou *Uma Linda Mulher* passando, eles podem parecer filmes de época, mas é provável que você ache surpreendentemente difícil mudar de canal, porque os dois, por mais antigos que sejam, têm a coisa mais importante dos filmes motivacionais: alma.

MINHA VIDA PROFISSIONAL voava alto. Minha vida pessoal estava lancinante. Logo antes do segundo aniversário de Rumer, Bruce se preparava para fazer um filme que seria filmado na Europa, *Hudson Hawk*, sobre o qual havia muito burburinho, pois tinha um orçamento enorme. Ele trabalhou na história, escreveu algumas das canções e apostava bastante no sucesso desse filme. Pouco antes de ir, lançou uma bomba: "Não sei se quero ser casado."

Senti como se tivesse levado um soco inesperado. "Bem, você *já é* casado e tem uma filha", salientei. "O que quer fazer?"

Bruce e eu nos conhecemos, nos casamos e tivemos um bebê, tudo *muito* rápido mesmo — era como se ele tivesse acordado uns anos depois e pensado: *Cacete, é isso que eu quero? Ou quero ser livre?* Penso que, como legítimo pisciano, ele lutava para resolver um conflito interior: queria ter uma família e raízes, mas também ansiava por emoção e novidade. Basicamente, queria fazer a porra que tivesse vontade, o que não é tão incomum em homens dessa idade — tinha 36 anos na época. Adicione fama e dinheiro a esse aspecto. Faça as contas.

A parte forte e durona de mim pensou: *Se não é 100% o que você deseja*, deveria *ir embora. Preciso de um marido que não tenha que se convencer a ficar casado.* Mas Bruce não queria ser o cara que abandona sua família, que faz isso com um filho. Embora estivesse apavorada e com dificuldades para entender a enormidade do que estava acontecendo, eu seguia repetindo: "Então vai logo." Mas ele não podia arcar *com isso*, da mesma forma que não podia se comprometer totalmente comigo. Quando foi fazer *Hudson Hawk*, a situação estava muito precária. Fui visitá-lo uma vez e, francamente, tive a sensação de que ele tinha me traído. Estava tenso e estranho, e havia coisas que não pareciam lá muito honestas.

Eu lutava tanto com a sensação de rejeição e incerteza que nem sequer pensei quando me convidaram para um filme chamado *A Mulher do Açougueiro*. Eu não deveria ter aceitado, por razões que não tinham nada a ver com Bruce. Meu agente na época me convenceu a fazê-lo pelo dinheiro, para aumentar meu cachê. Nunca mais fiz um filme só por dinheiro. Nunca foi assim que trabalhei, e a experiência foi um desastre que eu não queria repetir. Não senti confiança ao aceitar, não estava confiante enquanto estava lá e não confiava no diretor. O filme focava em mim, mas eu não tinha metade da experiência dos outros atores, Jeff Daniels, Frances McDormand e Mary Steenburgen. Fiquei intimidada e não tinha confiança para pedir ajuda. Em vez disso, assumi que todos estavam me julgando uma fraude e que estava decepcionando-os. Tive que usar um sotaque sulista e fiquei preocupada que parecesse ridícula.

Interpretei uma mulher clarividente que visualiza seu futuro marido — um açougueiro de Nova York —, e, para nos ajudar a entender melhor os videntes, os produtores levaram uma ao set. A primeira coisa que ela me disse durante nossa sessão foi: "Sua filha está implorando para você ter outro filho." Ela não estava errada. Rumer clamava por um irmão. Ela estava morrendo de vontade de ter um irmãozinho.

Era difícil imaginar isso acontecendo naquele momento. Bruce estava na Europa filmando e ficou furioso comigo por eu ter voltado ao trabalho, além de todos os sentimentos contraditórios que ele já tinha sobre nosso casamento. Fizemos um pacto de nunca nos separarmos por mais de duas semanas e passar pelo menos quatro dias juntos, mas tornei isso impossível ao fazer esse filme. Tive uma reação muito rebelde em relação a Bruce, de forma geral. Não comprei a ideia: "Sua

LIVRO ABERTO

vontade é soberana", que ele adotou. Além disso, me dizer: "Não sei se quero ser casado" não foi a melhor forma de me *conquistar*.

Mas, quando Bruce voltou, na primeira vez em que fizemos sexo, engravidei novamente. E ele ficou realizado. De repente, foi como se nunca tivéssemos tido a tal conversa sobre sua ambivalência.

CAPÍTULO 13

No meio de tudo isso, me ofereceram a capa da *Vanity Fair*. Meu empresário e eu ficamos em êxtase; recebi uma forte atenção da mídia após *Ghost*, mas esta era a maior conquista de uma atriz na época. Annie Leibovitz e eu organizamos uma sessão de fotos, mas não deu certo — tive que pintar meu cabelo de loiro para fazer *A Mulher do Açougueiro* e os editores da *Vanity Fair* disseram que não parecia eu nas fotos e eles não as usariam. Teríamos que refazê-las.

Eu estava grávida quando consegui refazer as fotos com Annie. "Se é para as fotos revelarem quem eu sou, quero que as imagens mostrem que me sinto sexy e bonita grávida", falei. Eu achava ridículo que, naquela época, retratassem as grávidas como assexuadas. As mulheres escondiam a gravidez em roupas que imitavam barracas, em vez de exibir suas novas curvas da forma como vemos hoje. Havia um tom de comemoração nas notícias sobre a gravidez de uma mulher e sobre o nascimento do bebê, é claro, mas, sob a ótica da cultura pop, era como se não houvesse nada nesse meio-tempo. Eu queria mudar isso e glamorizar a gravidez, em vez de apagá-la, e foi esse o tom que Annie e eu demos às fotos. Elas eram maravilhosamente sensuais, provocantes, comigo toda arrumada — cabelo, maquiagem, joias — como se fosse uma sessão de moda que por acaso apresentava uma modelo grávida. Em uma imagem, usei um robe de cetim verde que mostrava o ventre; em outra, um sutiã preto e salto alto, segurando minha barriga.

Minha foto gravidíssima e nua na capa da *Vanity Fair* de agosto de 1991 foi uma que Annie pensou em dar de presente a Bruce e a mim. Era discreta e tocante, sem o brilho das fotos que supomos que a revista desejaria. Annie a fez no final, quando já tínhamos "terminado", ou como assim pensávamos. No que se tornou uma imagem icônica, um dos meus braços cobria meus seios, o outro segurava minha barriga, e só. Lembro-me de dizer a ela: "Seria incrível se eles tivessem coragem de colocar *esta* na capa." Surpreendentemente, eles tiveram.

ALGO EXTRAORDINÁRIO aconteceu durante a gravidez. Meu agente ligou para dizer que eu era uma "pessoa de interesse" para um papel em *Questão de Honra*, que estrelaria Jack Nicholson e Tom Cruise. "Mas você tem que fazer teste", ele me disse. "Está disposta a fazer isso?" Nós dois sabíamos que o diretor, Rob Reiner, poderia simplesmente me escalar sem audição. Na época, eu já tinha trabalhos suficientes para mostrar como eu era na tela e atingi um certo nível de sucesso — uma vez que você já participou de alguns filmes importantes, geralmente não é solicitado a fazer teste. Ao mesmo tempo, nunca tive problemas para *conseguir* um papel, isso apaziguava a voz insegura na minha cabeça perguntando: *Tudo bem eu estar aqui?*

Eu estava grávida de sete meses — enorme — quando entrei para ler com Tom Cruise o papel da capitão-tenente JoAnne Galloway na frente de Rob Reiner. Eu estava ansiosa. Rob Reiner era um diretor muito respeitado. Aaron Sorkin havia escrito um ótimo roteiro, e pensei no mundo de Jack Nicholson e Tom — com quem eu havia lido quatro anos antes o papel de sua parceira em *Top Gun*. Estraguei o teste de

LIVRO ABERTO

tela por nervosismo, e o papel foi para Kelly McGillis. Eu estava determinada a fazer meu melhor dessa vez, e acho que consegui, porque, logo após a audição, eles me ofereceram o papel.

A primeira coisa na minha mente foi: *Terei que entrar em forma muito rápido.* Na teoria, funcionaria, pois o bebê nasceria em agosto e os ensaios deveriam começar em setembro. Seria apertado, mas eu teria um mês para estar em forma novamente após o nascimento do bebê.

Eu sabia que precisava ficar — e permanecer — em forma, mesmo na gravidez, para que isso funcionasse, então contratei um treinador. Ele acabou se mudando com a família para nossa casa de hóspedes em Idaho; tinha um menino da idade de Rumer, e eles passaram o verão brincando. Meu sobrinho de 13 anos, Nathan, filho mais velho de George e DeAnna, também foi com Morgan, que tocava uma carreira em efeitos especiais, após concluir um período como Fuzileiro Naval na operação Tempestade no Deserto. Naquele mês de julho, passamos um tempo muito bom em família, e eu me exercitava com meu treinador todos os dias. Primeiro, foram as caminhadas, que depois se transformaram em corridas. Começamos a andar de bicicleta juntos nas montanhas, e eu devia estar hilária, pedalando com os joelhos completamente abertos para dar espaço para a barriga.

Estávamos em um show beneficente de Carole King na noite em que a bolsa estourou, quase um mês antes do previsto. Foi parcial — o suficiente para fazer uma poça em volta dos meus pés. Todos ao meu redor entraram em pânico, mas o hospital era próximo, e o médico acabou sendo tão maravilhoso quanto o que fez o parto de Rumer, no Kentucky. Ele havia realizado muitos trabalhos voluntários na América do Sul e na África, e lidou com situações de emergência suficientes para saber que essa não era uma. "Acho que você está bem", disse ele. "Você deveria ir para casa." Poucos médicos teriam permitido isso, porque teriam medo de infecção, mas ele estava calmo e me disse: "Preste atenção na sua temperatura e não tome banho de banheira."

DEMI MOORE

Não entrei em trabalho de parto nos dois dias seguintes; mesmo assim, as contrações eram intermitentes. Fui ao hospital quando elas se estabilizaram, com toda a família: Bruce, meu sobrinho, meu irmão, Rumer, uma babá, além de um amigo nosso de Hailey. Enquanto eu tentava acelerar as coisas pedalando na bicicleta ergométrica da sala de fisioterapia, minha torcida montou acampamento, pediu pizza e jogava jogos de tabuleiro. O médico finalmente disse que não achava que eu teria dilatação naturalmente — também não aconteceu com Rumer — e, no instante em que ele fez o exame de toque, entrei em trabalho de parto.

Scout LaRue Willis nasceu em 20 de julho de 1991, com três semanas e meia de antecedência. Li *O Sol É Para Todos* na gravidez e batizei-a como sua corajosa jovem heroína.

A *VANITY FAIR* FOI PUBLICADA logo após o nascimento de Scout, e provocou um alvoroço. Fiquei chocada, embora a editora da revista, Tina Brown, evidentemente não estivesse. Antecipando a controvérsia que a matéria de capa acarretaria, cobriu a revista com uma sobrecapa branca, que escondia meu corpo grávido do pescoço para baixo. Apenas meu rosto aparecia, com a chamada: "More Demi Moore" [Mais Demi Moore].

Mesmo com a sobrecapa, algumas bancas se recusaram a expor a revista. As pessoas ficaram *loucas*. Um detrator chamou de pornografia nojenta e me acusou de exibida. Outro entendeu como um avanço libertador das mulheres. Tudo o que *eu* pretendia era mostrar que uma grávida pode ser bonita e glamorosa — que não há abismo entre "sexy" e "mãe", especialmente considerando que é o sexo que a torna mãe! Não considerei como uma declaração política, só quis retratar a gravidez da maneira que a vivenciei: algo adorável, natural e empoderador.

Recebi várias cartas de mulheres, muitas se identificando como feministas, me agradecendo por tirar a gravidez do armário e mostrá-la como uma parte gloriosa da mulher. É difícil acreditar agora que todas as celebridades orgulhosamente fazem foto com seu barrigão, mas, naquele momento, isso parecia revolucionário para muitas pessoas, e a reação foi esmagadora, tanto a favor quanto contra. Até hoje, provavelmente sou mais lembrada por essa foto do que por qualquer filme que fiz. Eu me orgulho muito disso, sinceramente, porque foi algo que mudou os rumos da cultura, quer eu pretendesse ou não. A Sociedade Americana de Editores de Revistas a elegeu a segunda melhor capa em meio século, conferindo o primeiro lugar a outra fotografia de Annie, retratando John Lennon nu aconchegado a Yoko Ono totalmente vestida, feita apenas cinco horas antes de o músico ser assassinado.

Em 2011, no 20º aniversário dessa minha capa, o diretor de arte George Lois, que criou todas aquelas capas lendárias da *Esquire* nos anos 1960 — Muhammad Ali como o martirizado São Sebastião cheio de flechas, Andy Warhol afundando em um vórtice de sopa de tomate da Campbell — publicou o seguinte no site da *Vanity Fair*:

Uma capa de revista irretocável surpreende, choca e conecta em um nanossegundo. Um relance da imagem da fotógrafa Annie Leibovitz que adornou a edição de agosto de 1991 da Vanity Fair, *retratando uma famosa estrela de cinema lindamente cheia de vida e orgulhosamente exibindo seu corpo, despertou a subversão da cultura — e condenou os esperados gritos primitivos dos críticos implacáveis, assinantes irritadiços e compradores inquietos de bancas de jornais, que os editores certamente sabiam que considerariam o corpo feminino grávido "grotesco e obsceno". O braço de Demi Moore servindo de sutiã ajudou a enquadrar com elegância o ponto focal desse símbolo surpreendentemente forte do empoderamento feminino. Para mim, simplesmente, era uma imagem corajosa na capa de uma grande revista — uma obra de arte impressionante que transmitiu uma mensagem potente, que desafiou uma sociedade reprimida.*

DEMI MOORE

Ajudar as mulheres a amarem a si mesmas e a suas formas naturais é uma coisa notável e gratificante de se realizar, principalmente para alguém como eu, que passou anos lutando contra seu corpo.

SE A CAPA E SUA REPERCUSSÃO excederam meus sonhos, o artigo que a acompanhava dentro da revista era meu pesadelo. A foto de capa inteligente e forte estava completamente em desacordo com a representação devastadora de mim nessa matéria. Fui retratada como egoísta, egocêntrica e mimada. Uma série de citações anônimas alegou que eu havia conseguido *Ghost* porque "me casei bem" e que "ser a Sra. Bruce Willis" subiu à minha cabeça — "inflando impiedosamente meu ego". Houve queixas sobre o "fator da comitiva", afirmações de que eu era "servida" no set de *A Mulher do Açougueiro*, onde a entrevista ocorreu. Eu era uma *prima donna* cercada por bajuladores, entre os quais estava a babá de Rumer — eu ainda estava amamentando! "Tente gravar um filme sem ajuda enquanto amamenta!", eu queria gritar. Nancy Collins, a jornalista que escreveu a matéria, também afirmou que "fui atendida" por uma parapsicóloga, quando a clarividente foi levada ao set pelos produtores para o benefício de todos, não para mim em particular. Eu disse a Collins durante nossa entrevista: "É muito mais interessante escrever sobre eu ser uma vadia do que uma boa mulher", independentemente do que fosse realmente verdade. Infelizmente, ela me mostrou que eu estava certa.

Talvez eu tenha exagerado na negatividade da matéria. Mas causou muitos danos e se tornou a referência em que todas as entrevistas subsequentes seriam baseadas. O retrato distorcido de mim como diva me seguiria por anos, pois qualquer pessoa que estivesse contando uma história sobre mim ou um novo filme do qual eu participaria primeiro leria a matéria da *Vanity Fair* e depois me entrevistaria com base em suas afirmações. O artigo também teria um impacto negativo sutil na minha carreira, criando o mito de que eu era "difícil".

LIVRO ABERTO

Muita má vontade surgiria daquela matéria, mas também era uma verificação de realidade que suscitava humildade. Se, de alguma forma, eu transmitia uma persona que estava totalmente em desacordo com a forma como eu me via e quem queria ser, então algo precisava mudar. E Collins acertou uma coisa. Lembro-me de ficar abalada com esta passagem:

Willis, que acusou os tabloides de tentar acabar com seu casamento, lamenta qualquer sugestão de que o relacionamento esteja com problemas. Quanto à batalha em andamento das mídias para vincular Willis a outras mulheres, Moore não se incomoda. "Eu fico com ciúmes? Claro. Mas ele não faz nada para causar isso, então, se me sinto assim, é algo da minha cabeça."

Ela confia no marido? "Eu confio em alguém?", pergunta depois de uma longa pausa. "Essa é a questão. Ao longo do caminho, me mostraram que tudo bem confiar, então costumo ir em frente e arriscar. Mas, no fundo, eu realmente confio? Acho que não." Moore diz que confia no marido "provavelmente mais do que em qualquer outra pessoa. Mas a única pessoa em quem realmente confio é na minha filha."

GINNY CONSEGUIU SE SUPERAR, como sempre. Fotos nuas dela começaram a circular pelos tabloides. Sua necessidade de atenção era tão desesperada que deixou aquelas revistas precárias a convencerem a posar nua, imitando as fotos que fiz para as revistas, incluindo a capa da *Vanity Fair*. Foi lamentável. "Você está se envergonhando!", disse a ela, mas sem sucesso. Em sua mente ilusória, ela acreditava que as pessoas que a pagavam eram suas amigas. Tentei explicar que esses supostos amigos estavam se aproveitando dela, mas Ginny não me ouvia. "Você ganhou dinheiro posando", disse ela. "Você só não quer que eu faça o mesmo."

Cheguei ao meu limite. Parece estranho, depois de todas as situações desagradáveis que ela me fez passar, que o comportamento de Ginny com os tabloides tenha sido a gota d'água. Acho que foi porque vi o potencial que essa marca particular de loucura tinha para prejudicar minhas filhas. Honestamente, se fosse apenas comigo, eu provavelmente a deixaria continuar o ciclo de traição e decepção *ad infinitum*. Mas não havia como eu permitir que ela magoasse minha família.

Interrompi todo contato com minha mãe logo após o nascimento de Scout. Alguns de nossos familiares criticaram minha decisão. Mas eu sabia que era a coisa mais saudável que eu poderia fazer por mim, minhas meninas e talvez até por Ginny. Todo o dinheiro que gastei em reabilitação, as passagens de avião que comprei quando ela me ligou por algum motivo insano ou outro — nada disso realmente a ajudava. Isso lhe dava brechas. Eu não tinha mais uma expectativa irreal de ela ser mãe, e já não sentia que tinha a responsabilidade de ser mãe *dela*.

Fiquei oito anos sem falar com Ginny.

CAPÍTULO 14

No dia seguinte ao nascimento de Scout, a coloquei em um carrinho de bebê e passeei pelas extensas casas do nosso bairro, em Hailey, majoritariamente povoado por árvores e alces. Dentro de uma semana, voltei a andar de bicicleta, fazer caminhadas e malhar na academia cinco dias por semana. Amamentei Scout, assim como fiz com Rumer, mas, enquanto Rumer começou a engordar rápido, Scout continuou pequena. Um dia, quando ela tinha cerca de cinco semanas, fui inundada por uma onda de medo de que algo estivesse errado. Apressei-me ao médico, e minha preocupação se transformou em pânico quando ele a pesou e descobriu que estava um pouco acima do peso que tinha ao nascer — que já era baixo, porque ela foi prematura.

O médico saiu da sala de exames e voltou com uma mamadeira de fórmula, e vi quando ele colocou o bico em sua boca e ela engoliu o líquido. O problema com o peso dela era minha culpa. O médico não usou essas palavras, mas foi a única conclusão a que pude chegar quando ele explicou que meu exercício excessivo estava produzindo um excesso de lipase, uma enzima que quebra a gordura do leite materno. Embora eu amamentasse Scout por horas, ela não estava crescendo.

DEMI MOORE

Teríamos que adicionar fórmula à sua dieta. Fiquei destruída. Para mim, amamentar era uma parte boa de ser mãe.

E, no entanto, eu não sentia que poderia parar de me exercitar. Era meu *dever* caber naquele uniforme militar implacável que eu usaria em dois meses em *Questão de Honra*. Entrar em forma para o filme instaurou a obsessão por malhar que me consumiria pelos próximos cinco anos. Nunca ousei desistir.

Voltamos para Los Angeles, onde *Questão de Honra* estava sendo filmado e Bruce estava prestes a fazer *A Morte Lhe Cai Bem*, com Goldie Hawn e Meryl Streep. Em um golpe de sorte, os dois filmes estavam no mesmo estúdio, em Culver City — que logo se assemelhou a uma creche. Meryl tinha acabado de ter bebê. Eu, idem. Rob Reiner e sua esposa, também, assim como a comediante britânica Tracey Ullman, que estava gravando seu programa de televisão naquele estúdio. Todos passávamos de um trailer para outro com nossos filhos. Há uma foto na parede da minha casa em Idaho de todos os membros do que chamávamos de brincadeira de All-Star Baby Group naquele estúdio de Culver City. Por acaso, três daqueles bebês — Scout, Jake Reiner e o filho de Tracey Ullman, Johnny — frequentaram o ensino médio na mesma escola, em Los Angeles.

Quando começamos os ensaios para *Questão de Honra*, consegui entrar naquele uniforme apertado, mas não sem um esforço hercúleo. Eu acordava cedo, dava uma corrida longa, ia ao set, ia à academia e alimentava o bebê durante a noite. Foi penoso. Engordei apenas 12kg com Scout, e estava emagrecendo lentamente com minha rotina fanática, mas uma parte da minha anatomia permanecia teimosamente enorme. Eu alternava entre amamentar Scout e lhe dar mamadeira, então meus seios doíam a maior parte do tempo, e eu estava escandalosamente peituda como resultado. (Embora muitas vezes um seio ficasse bem maior que o outro, e os figurinistas tivessem que adicionar um enchimento para deixá-los semelhantes.)

LIVRO ABERTO

Sempre admirei Jack Nicholson, e trabalhar com ele só aumentou esse sentimento. A frase, agora clássica, contida no filme, que é sobre dois jovens fuzileiros navais sendo julgados por assassinato, apareceu ao final do que foi um longo dia de filmagem da cena no tribunal. Jack, interpretando um coronel da Marinha, olha para meu advogado parceiro, interpretado por Tom Cruise, e rosna: "Você não aguenta a verdade." Tínhamos que ficar no set o dia inteiro enquanto eles filmavam a cena em "contracampo", o que significa que a câmera focava sempre Tom na sala de audiências. Mas Jack fez esse discurso o dia inteiro, para todos. Você ouve com frequência sobre atores que disfarçam suas falas quando não estão na câmera e dão seu máximo nos close-ups, mas não Jack. Fiquei sentada na mesa do tribunal, olhando diretamente para ele, e o observei dar 100% de sua performance o dia todo, a ponto de achar que ele perderia a voz. Fiquei impressionada com seu nível de generosidade: ele interpretava para os colegas atores no mesmo nível que fazia para a câmera, quando ela estava *nele* — o que é especialmente difícil de fazer repetidas vezes em cenas carregadas de emoções.

Ele não foi tão gentil alguns dias depois, enquanto esperávamos que aparecesse para filmar em um local que imitava Guantánamo, onde a história se passa. A luz precisava estar em um determinado ponto para que a cena funcionasse, e o sol estava ficando cada vez mais baixo no céu. Rob Reiner estava murmurando que seria um desastre e ninguém conseguia entender por que não conseguíamos tirar Jack do trailer. Jack apareceu no último minuto de luz; ele é um grande fã do Lakers e ficou colado à televisão esperando Magic Johnson anunciar que era HIV positivo. Jack sabia que o pronunciamento estava chegando, mas ninguém mais sabia.

O que eu mais admirava em *Questão de Honra* era a originalidade que Aaron Sorkin e Rob Reiner mostraram com o fato de minha personagem e o de Tom não terem envolvimento romântico, ou mesmo não profissional. Naquela época, havia uma expectativa por parte de

DEMI MOORE

estúdios e audiências de que, se uma mulher atraente aparecesse no cinema, seria apenas uma questão de tempo até que você a visse na cama com o protagonista, ou pelo menos seminua. Mas Rob e Aaron tiveram a coragem de reverter essa convenção; eles pensavam que essa história era sobre outra coisa, e estavam certos. Anos mais tarde, Aaron disse a uma turma da escola de cinema: "A ideia do filme era que esses jovens advogados estivessem em uma situação complexa, e dois fuzileiros fossem julgados por suas vidas, então, se Tom Cruise e Demi Moore transassem, acho que não gostaríamos muito deles por isso." Sorkin disse que escreveu a um executivo que pressionava bastante por uma cena de sexo. "Nunca esquecerei sua resposta: 'Bem, se Tom e Demi não vão dormir juntos, por que Demi é uma mulher?', e isso me surpreendeu completamente."

Eu adorava que minha personagem *não* recorresse a seu apelo sexual, o que certamente era algo que eu não via com frequência em meus papéis. Eles apresentaram uma mulher que era útil para seus colegas — e para a própria história — por causa de sua competência. O filme foi indicado a quatro Oscars e a cinco Globos de Ouro.

FIQUEI DECEPCIONADA ao ler o roteiro do meu filme seguinte e notar o número de cenas de sexo que eu tinha pela frente. Eu queria fazer o filme porque era uma ótima história: um jovem casal vai a Las Vegas na esperança de ganhar dinheiro suficiente para financiar a casa dos seus sonhos, que o marido, um arquiteto, quer construir. Em vez disso, eles perdem todas as suas economias. Mas a esposa, Diana, chama a atenção de um bilionário, que lhes faz uma oferta: ele lhes dará US$1 milhão para passar uma noite com ela. Eles entram em conflito, mas aceitam, e a história segue a partir daí.

O título era *Proposta Indecente*, com um ótimo diretor. Adrian Lyne era conhecido por seus filmes temperamentais e com carga sexual — *Atração Fatal, Flashdance, Alucinações do Passado*. Ele insistia em

LIVRO ABERTO

audicionar todos os atores, não importava quem fossem. Na verdade, eu tinha me encontrado com ele em quase todos os filmes que havia feito, incluindo um chamado *Gatinhas*, quando eu ainda era menor de idade — Jodie Foster conseguiu o papel —, mas ele nunca me escalava. Desta vez, consegui.

Woody Harrelson interpretaria meu marido. Woody era um dos melhores amigos de Bruce, e eu também o conhecia muito bem a essa altura. Isso parecia estranho, beijá-lo seria como beijar meu irmão. Por outro lado, havia um conforto em trabalhar com um amigo em quem eu confiava completamente. Quando Adrian conseguiu que Robert Redford interpretasse o bilionário, solidificou minha sensação de que este filme seria único.

Fiz um acordo com Adrian: ele teria liberdade para filmar as cenas de sexo como quisesse, mas, no final, eu poderia revisar as filmagens, e, se houvesse algo que considerasse muito invasivo ou indevido, ele cortaria. Era um acordo que exigia muita confiança de ambas as partes, e apreciei sua boa vontade de colaborar dessa maneira.

Ainda assim, eu estaria exposta novamente, e tudo que eu conseguia pensar era em meu corpo, meu corpo, meu corpo. Dobrei minha rotina de exercícios, já exagerada. Cortei carboidratos, corria e andava de bicicleta e usava todos os aparelhos imagináveis da academia que instalamos na casa em Hailey. Na verdade, eu estava me sentindo confortável com a minha aparência quando fui ver Adrian cerca de um mês depois para falar sobre o figurino. *Finalmente*, meu corpo estava como eu queria.

"Você perdeu muito peso", disse Adrian imediatamente, assim que entrei para a nossa reunião.

Inicialmente, considerei como um elogio e expliquei que não queria me sentir constrangida em todas as cenas de sexo que estavam por vir, por isso estava trabalhando muito no meu corpo. Acho que ele não ouviu uma palavra do que eu estava dizendo. Apenas ficou olhando

DEMI MOORE

para mim com uma expressão perturbada no rosto. Finalmente, disparou: "Não quero que você pareça um homem, porra!"

Minha cabeça estava girando quando saí do escritório. Estava completamente perdida quando meu agente ligou mais tarde naquela noite e me disse: "Adrian vai demiti-la se você não ganhar pelo menos 5kg."

Tivemos outra reunião, dessa vez, com meu agente e o chefe do estúdio, além de Adrian. "Você não sabe o que está me pedindo para fazer", tentei explicar a ele. "É como dizer a um viciado em heroína: 'Vá usar drogas.'" Fiz meu melhor para fazê-lo entender minha luta, para ver o quão importante era não me sentir constrangida durante as cenas de sexo e que precisava estar magra para ficar confortável nua diante da câmera. Com muita relutância, Adrian cedeu. Para ser justa, era o filme dele, e ele queria que a protagonista tivesse uma aparência lasciva e sensual, enquanto o ideal para mim era ser delicada e esbelta, como uma bailarina. Por um lado, era o meu corpo. Por outro, era o filme dele. Houve um pouco de tensão e oposição entre nós depois disso — eu não queria que ele vencesse, mas sabia que uma semente havia sido plantada e que era apenas uma questão de tempo até que minha necessidade de agradar entrasse em conflito com meu desejo de ser magra. Na primeira cena que filmamos para *Proposta Indecente*, eu estava de calcinha em uma cama coberta de dinheiro.

Eu conhecia Glenn Close, e ela me avisou que Adrian era um cara estranho dirigindo cenas de sexo. Ela me disse que ele gritava encorajando obscenidades o tempo todo na cena de *Atração Fatal* em que ela transava com Michael Douglas por todo o loft. Glenn não exagerou. Adrian é um legítimo voyeur, o que é, em parte, o motivo de seus filmes serem tão interessantes e potentes. Mas no set é muito excêntrico. Ele literalmente não parava de falar — praticamente, de gritar — o tempo todo em que estávamos filmando as cenas de sexo: "Fode, safado! Ah, caralho, que tesão! Vamos lá, pega o pau dele!"

No começo, era assustador. Lá estava aquele cabeludo, tipo roqueiro britânico, ficando todo suado e exaltado, gritando sobre tesão. Mas,

LIVRO ABERTO

depois que me acostumei, vi as vantagens. A postura de Adrian desviava o foco do meu constrangimento, porque ele era muito exagerado. Quando aprendi a levar seus acessos na esportiva, achava hilário tê-lo gritando ao fundo, enquanto Woody e eu tentávamos simular a luxúria. E o fato é que, quando vi as cenas de Adrian, no final, achei maravilhosas. Não precisei recorrer ao nosso acordo, não havia nada que ele tivesse filmado que me deixasse desconfortável ou que parecesse indecente ou excessivo. Os filmes dele são eróticos, mas nada desprezíveis.

As gravações foram um trabalho árduo, no entanto. O horário das filmagens em Las Vegas era das 4h às 16h, então todos os dias eu acordava à 1h30 para começar o treinamento às 2h. Corria, andava de bicicleta ou malhava na academia do Mirage. Terminava bem a tempo de entrar no chuveiro e fazer cabelo e maquiagem. À noite, eu cuidava das minhas meninas, que foram comigo, junto com a babá e meu treinador. Então acordava à 1h30 da madrugada seguinte e fazia tudo de novo.

No meio das filmagens, me senti como se estivesse gripada. Adrian queria me dar um dia de folga, mas neguei. Eu não queria que as pessoas falassem que a produção foi interrompida por minha causa — eu ainda estava paranoica por ser vista como "difícil". Sob minhas objeções, Adrian chamou um médico para me ver, e acabou que não era gripe, eu estava com pneumonia ambulante. Dessa vez, não tive escolha, nem Adrian. Ele teve que acionar o seguro a meu favor, o que é algo que os atores nunca querem ter em seus registros.

Uma equipe médica foi lá e me deu antibióticos intravenosos. Eu me senti melhor imediatamente, mas foi um pouco assustador, então passei a pegar leve nos treinos — embora não o suficiente para Adrian. O olhar em seu rosto toda vez que me via de tênis ou na bicicleta era desaprovador, quase de desagrado, e, por mais que eu disfarçasse, comecei a me abalar. Quando terminamos o filme, ele havia conseguido o que queria — a ponto de eu ter ganhado todo o peso que ele desejava de início. Eu estava quase insuportavelmente desconfortável com isso. Percebi nas últimas cenas que filmamos. Eu estava com um vestido creme e minha barriga estava um pouco saliente, e me lembro de Adrian comentando comigo enquanto assistíamos às cenas. Eu falei para ele: "Não me diga *mais uma palavra* sobre meu corpo."

Por mais insana que fosse minha relação com Adrian, não posso negar a beleza do filme; nunca me filmaram tão bem. Todos pareciam brilhar em *Proposta Indecente*, como se estivéssemos iluminados por dentro. O diretor de fotografia fazia a iluminação, mas Adrian a retrabalhava. Seu nível de foco em termos de iluminação e narrativa era incrível: ele prestou atenção a *tudo*, até aos detalhes do figurino.

Lembro que sugeri um vestido preto de shantung de seda para o primeiro "encontro" entre minha personagem e o bilionário interpretado por Redford, e Adrian adorou. Ele queria que o encontro inicial entre eles fosse elegante. Apesar de minha personagem basicamente ter se transformado em uma garota de programa por uma noite, ele queria criar uma situação tão romântica, tão elegante, que transcendesse o acordo e que, na verdade, seduzisse o espectador.

Adrian até conseguiu que Herbie Hancock tocasse piano no iate do personagem de Redford enquanto dançávamos lentamente naquela cena. (Eu só fiquei pensando naquele momento icônico de *Nosso Amor de Ontem*, quando Barbra Streisand puxa a luva e tira os cabelos de Redford dos olhos. Não é fácil ser espontânea com uma lenda do cinema, mas ele não poderia ter sido mais gentil comigo durante toda a filmagem.) Adrian, o obsceno, saía de cena e em seu lugar entrava Adrian, o sentimental. Ele era um perfeccionista com uma visão clara e, embora nossas ideias sobre meu corpo se chocassem violentamente, não acho que tenha sido cruel de propósito. Ele só queria o que queria. Bons diretores sempre fazem isso.

O filme rendeu uma bilheteria de US$24 milhões em apenas cinco dias após sua estreia, em abril de 1993. Embora tenha sido universalmente criticado por detratores e grupos de mulheres — que objetaram o fato de minha personagem ser usada como permuta —, acabou arrecadando mais de US$260 milhões em todo o mundo.

LIVRO ABERTO

A controvérsia com as feministas foi interessante. A autora Susan Faludi acusou o personagem de Robert Redford de "estuprar uma mulher com dinheiro". Um crítico do *Los Angeles Times* escreveu: "Em Hollywood, pode ser o ano da mulher, mas, este ano, toda mulher tem seu preço." O *Washington Post* disse: "Se um homem é vendido, se chama escravidão. Em Hollywood, se uma mulher é vendida, se chama romance." Achei que era uma simplificação excessiva de uma história contada com muitas nuances, que realmente atinge o cerne de nossos medos coletivos sobre o casamento. Seja você um homem, seja uma mulher, não importa o quão satisfeito esteja com alguém, sempre há uma leve ansiedade de que alguém melhor — mais rico, mais bonito, mais impressionante ou mais seja lá o que for que o deixe inseguro — roubará o coração do seu parceiro. Também foi um filme sobre a força do dinheiro. Ele perguntava: por quanto dinheiro você venderia a si mesmo, sua esposa, sua vida?

Não percebi isso conscientemente enquanto filmávamos, mas tenho certeza de que, em algum lugar do meu inconsciente, estava a pergunta mais feia que já me fizeram: "Como é ser prostituída pela própria mãe por US$500?" *Esta* era uma proposta indecente. Nosso filme, pelo contrário, era a história de uma mulher valiosa. Um bilionário daria qualquer coisa por ela. Seu próprio marido quase foi destruído pelo pensamento de perdê-la, mesmo por uma noite. Ela era amada e respeitada e tinha sua própria carreira e, por fim, foi ela quem decidiu o que queria, o que permitiria e o que não permitiria que acontecesse com ela.

FIQUEI GRÁVIDA de novo. Mas, dessa vez, foi diferente. Eu vomitava todos os dias. Saía da minha cama rastejando até o banheiro para vomitar e depois rastejava de volta. Chegou a um ponto em que eu não aguentava comer, porque não aguentava mais vomitar. Em dado momento, ingeri apenas água por sete dias.

Bruce e eu sempre tentamos fazer nossos filmes paralelamente, para que ficássemos juntos em nosso tempo livre. Enquanto eu estava doente, Bruce distraía as crianças — Rumer tinha 5 anos e Scout não tinha nem 2 — levando-as para passear na floresta, brincando com elas na lagoa no quintal. Ele é um ótimo pai, protetor e envolvido, e estava empolgado por termos outro bebê. Mas ele ficou tão aliviado quanto eu quando os enjoos matinais passaram bem a tempo de arrumarmos as crianças, as babás e os animais de estimação — nosso núcleo familiar — e irmos para o Havaí, onde Bruce gravaria um filme com Rob Reiner chamado *O Anjo da Guarda*.

Embora o momento tenha sido um pouco ruim — sentia que estava começando a voltar ao meu ritmo de carreira —, não pensei duas vezes em ter outro filho. O nome perfeito para o bebê surgiu durante uma viagem só de meninas para Fisher Island, na costa de Miami — o jogo nessas férias era encontrar o nome do bebê. Meg Ryan estava lá, viramos amigas próximas ao longo dos anos. Eu a considerei receptiva, acolhedora e nada competitiva — uma garota de verdade —, e tínhamos mais ou menos a mesma idade, seguindo o mesmo caminho. Eu amava o trabalho dela, mas adorava ainda mais conhecê-la. Ela sugeriu Tallulah, porque os nomes das minhas outras filhas tinham sons de "u": Rumer, é claro, e o nome do meio de Scout, LaRue. "Tallulah completaria seu trio de 'us'", disse Meg.

Amei o nome. Bruce odiou. E a campanha para convencê-lo começou. Havia a referência óbvia a Tallulah Bankhead, que não o influenciou. Ele cedeu um pouco quando o procurei em um livro de nomes de bebês e descobri que era derivado da palavra nativa americana para "abundância". E depois apontei a personagem que Jodie Foster interpretou (aos 13 anos) no musical *Bugsy Malone*. Esta foi golpe baixo, e ele cedeu.

Bruce estava em Nova York fazendo *O Indomável* com Paul Newman, e eu e as meninas fomos visitá-lo no final da minha gravidez. Como Scout tinha nascido antes do previsto, procurei médicos em Nova

LIVRO ABERTO

York, por precaução, embora estivesse me sentindo ótima. Mas havia um problema, como se constatou. Os médicos fizeram um ultrassom e estavam preocupados com o fato de a bebê parecer muito pequena para a data de nascimento, em fevereiro. "Você não pode se exercitar", disseram-me. "Isso tem que parar." Eles queriam ter certeza de que nada atrapalhasse seu crescimento. De repente, o que havia sido uma gravidez normal tornou-se de risco elevado, e eu tinha medo de fazer muito mais do que ir à pia pegar um copo de água. Fiquei um pouco maluca por ficar tão confinada e parada. E minha preocupação aumentava, pois eles me examinavam quase diariamente. Todos os sinais vitais da bebê estavam bons, mas eles não conseguiam descobrir por que ela não estava ganhando peso.

De volta a Hailey, depois que Bruce terminou o filme, logo consultei meu obstetra de costume. Ele me examinou e comparou a imagem do ultrassom com as que levei de Nova York. "Ela não cresce há cinco dias", disse-me. "Sua gravidez está no final e acho que precisamos tirá-la, porque há algo acontecendo e não sabemos o que é." Ele induziu meu trabalho de parto em nosso pequeno hospital em Hailey, e Tallulah Belle Bruce Willis chegou ao mundo na velocidade da luz, em 3 de fevereiro de 1994 — o médico quase perdeu o parto porque foi fazer o número dois. Ela nasceu com pouco mais de 2kg, e parecia tanto com Bruce que adicionei seu nome ao dela. Era incrivelmente magricela — parecia um pirulito —, mas lhe deram oxigênio e a examinaram, e ela estava perfeitamente bem, mesmo abaixo do peso.

A verdade é que a sabedoria do médico em dizer: "Precisamos tirá-la" provavelmente salvou sua vida. Eu não poderia ser mais grata a ele por me dar minha terceira garotinha, minha doce e pequena Lulah.

CAPÍTULO 15

Eu teria feito qualquer coisa para cuidar das minhas meninas. Sentia uma necessidade urgente de protegê-las. Eu levaria um tiro por elas, roubaria um banco — o que fosse. Foi meio *isso* que me ocorreu quando li o roteiro baseado no livro de Carl Hiaasen, *Strip Tease*. Não consigo imaginar muita coisa neste mundo que me deixaria mais desconfortável do que tirar a roupa e expor meu corpo e sexualidade a uma plateia de estranhos todas as noites, mas eu teria feito isso para alimentar minhas filhas sem questionar, assim como a protagonista. O nome dela era Erin Grant, ex-secretária do FBI, que, após perder o emprego e não poder mais sustentar a filha, perdeu sua custódia. Erin se torna dançarina de exotic porque sabe que é uma maneira certeira de ganhar dinheiro suficiente para recuperar a filha.

Por falar em dinheiro, me ofereceram muito para fazer o papel, mais de US$12 milhões. Nenhuma outra mulher em Hollywood jamais havia ganhado tanto dinheiro com um filme. Mas, por acaso, os produtores de *Striptease* estavam em uma espécie de guerra de ofertas com os de *Até o Limite da Honra*, outra história sobre uma mulher que faria o que fosse preciso para alcançar seus objetivos, embora seja um tipo muito

DEMI MOORE

diferente de mulher, com objetivos também diferentes. (Na verdade, fui uma das produtoras de *Até o Limite da Honra* — levei o roteiro para o diretor dos meus sonhos, o brilhante Ridley Scott, e ele gostou, algo raro.) O contrato de *Até o Limite da Honra* estava fechado, então os produtores de *Striptease* tiveram que cobrir a oferta para eu fazê-lo primeiro. De repente, eu era a atriz mais bem paga de Hollywood.

Bruce também estava indo bem. Ele recebeu mais de US$20 milhões pelo terceiro filme da série *Duro de Matar*. Perceba a discrepância. Em Hollywood, naquela época — e, infelizmente, ainda hoje —, por algum motivo, um homem vale quase o dobro do que uma mulher. Mas, em vez de as pessoas considerarem meu grande pagamento como um passo na direção certa para as mulheres ou me chamarem de inspiração, inventaram um apelido depreciativo: Gimme Moore ["quero mais"].

Parte disso tinha a ver com Bruce e eu sermos um casal bem-sucedido. Mas ninguém lhe deu um apelido ávido e ganancioso. Era apenas um cara fazendo o que deveria: ganhar o máximo possível para cuidar de sua família. Por alguma razão, as mulheres devem ganhar menos — em todos os empregos, do pior ao melhor — e acatar. Isso nunca fez sentido para mim. Não fiz graduação. Não fui criada com dinheiro. Mas eu sabia o suficiente para entender que você deseja receber o maior pagamento possível pelo que faz. Eu me definira em oposição à maneira duvidosa como meus pais nos criaram. Trabalhei pesado e fui profissional. Eu me orgulhava de dar tudo de mim, não apenas o básico. Atuei em grandes sucessos de bilheteria — meu último filme, *Assédio Sexual*, com Michael Douglas, foi um enorme sucesso comercial — e queria receber na mesma proporção. Fui acusada por isso.

De forma curiosa, o ódio que me foi direcionado por aceitar fazer *Striptease* — e receber o que recebi para estrelá-lo — refletiu a desaprovação que a protagonista, Erin, enfrentou por se tornar dançarina de exotic. Comecei a ir a clubes de strip para conhecer as mulheres que trabalhavam lá e ouvir suas histórias, e foi um aprendizado fascinante.

LIVRO ABERTO

Algumas dançavam para pagar seus estudos. Outras, para bancar seus vícios. Havia uma jovem mãe solteira muito bonita, que dançava a noite toda para poder ficar com os filhos durante o dia — falei sobre ela quando fui ao programa de Barbara Walters promover o filme, e disse que ninguém deveria julgá-la por trabalhar para sustentar sua família, como não se julga uma garçonete ou uma secretária. E falei sério.

Fui novamente apelidada de exibicionista. Por um lado, entendi, claro, eu estava dançando em uma barra com um fio-dental. Justo. Mas a repulsa com a qual as pessoas reagiram a esse filme parecia ter um toque de pura maldade e misoginia.

Uma das melhores coisas de fazer *Striptease* era passar muito tempo com Rumer, que tinha 7 anos na época, enquanto eu filmava. Ela implorou para tentar o papel da filha de Erin, foi perfeita e conseguiu. Não nego que isso teve tanto a ver comigo quanto com seu considerável carisma na frente das câmeras. O diretor adorou a ideia de nosso vínculo real transparecer em seu filme, e a achou adorável. (Sou suspeita, mas acho que ele tinha razão.) Eu me diverti muito com ela e fiquei muito orgulhosa. Ela era responsável, dedicada e decorava rápido. Os críticos decretaram que eu era uma mãe péssima por deixá-la me ver dançar de topless. Eu achava isso loucura: ela me vira nua muitas vezes ao longo de sua jovem vida. Apesar de todos os meus problemas com meu corpo (ou, talvez, *por causa* deles — eu não queria que minhas meninas os herdassem), eu as criei para ver a nudez como natural, nenhum motivo de vergonha.

Como eu disse, em um nível consciente, o que me atraiu em *Striptease* foi a história da mãe com a filha. Mas, em relação ao nível de foco e controle do meu corpo que esse filme e *Até o Limite da Honra* exigiram, sou forçada a reconhecer que fui movida por algo além das minhas escolhas.

Quando eu estava fazendo *Striptease*, no café da manhã, media meia xícara de aveia e misturava com água. Depois, pelo resto do dia, comia apenas proteínas e alguns legumes — e só. E o mais louco é que, mesmo me alimentando assim e malhando seis dias por semana, eu não estava magra. Estou convencida de que era uma questão mental e emocional. Eu estava tão envolvida em todos os aspectos — meu casamento, carreira, rotina de exercícios e dieta — que meu corpo retinha tudo. Só me sentia verdadeiramente à vontade comigo mesma como mãe, um papel que para mim estava no cerne desse filme.

Se toda essa obsessão por meu corpo lhe parece loucura, você não está errado. Transtornos alimentares *são* loucos, são uma doença. Mas isso não os torna menos reais. Quando você sofre de uma doença, não pode simplesmente decidir não tê-la, por mais que ela o destrua.

ACHO QUE POUCAS pessoas que não são atletas e militares entendem o que eu passei para me transformar na estrela de *Até o Limite da Honra*. É o filme do qual mais me orgulho, porque foi o mais difícil de fazer — emocional, física e mentalmente — e tive que me comprometer com o papel tanto quanto imaginava que minha personagem, tenente Jordan O'Neil, era comprometida em ser a primeira mulher Navy SEAL.

Fiquei completamente impressionada com a história. A tenente O'Neil foi designada por uma senadora norte-americana para ser a primeira mulher a passar pelo treinamento do Navy SEAL, mas não tinha ideia de que estava sendo usada como moeda de troca — e era esperado que falhasse. O'Neil é espancada, ridicularizada e quase se afoga, mas, contra todas as probabilidades, ela consegue. A coragem e a recusa absoluta de fracassar, apesar de tudo o que enfrenta, me tocaram.

Era também um assunto oportuno. A questão das mulheres em combate era um tema popular após a Guerra do Golfo. Por lei, as mulheres não tinham permissão, mas, na guerra contemporânea, não havia uma linha de frente. As mulheres não estavam seguras em lugar algum da guerra, mas também não tinham as mesmas oportunidades que os homens para avançar nos respectivos serviços. A Marinha e a

LIVRO ABERTO

Força Aérea se tornaram "unissex" em 1993, mas o Exército e o Corpo de Fuzileiros mantiveram-se firmes em excluir as mulheres do combate, assim como unidades de elite, como os Navy SEALs, sustentando que elas nunca poderiam ser tão fortes quanto os homens.

Entrar em forma para a prova física mais penosa da Marinha deu uma nova definição à palavra *extremo*. Para ser realista no papel, teria que passar pelos desafios físicos que a tenente O'Neil enfrentaria. Fiz um treinamento SEAL modificado de duas semanas, junto com quarenta homens. Na primeira manhã, acordei às 5h, tomei um punhado de vitaminas e eles nos fizeram correr 1,5km cronometrado. Vomitei em seguida. No final do dia, eu tinha bolhas horrendas das botas e mal conseguia andar. Um de nossos consultores do SEAL no filme, Harry Humphries, me chamou de lado e disse baixinho: "Escute, você não precisa fazer tudo isso." Pensei: *Estou interpretando uma oficial. Uma líder. Se eu parar agora, nunca terei o respeito de ninguém.* Eu disse a Harry apenas para me trazer esparadrapo para os meus pés.

Foi pesado. De início, Sam Rockwell estava no filme, mas não conseguiu passar pelo treinamento — disse a Carson Daly anos depois que teve medo de ficar doente ao filmar as cenas de mergulho na água gelada à noite.

No meu segundo dia, atrasei alguns minutos para o treinamento. Os caras já estavam em formação, e tentei me infiltrar no final da fila despercebida. "Jordan! Apresente-se", gritou um dos nossos comandantes da equipe SEAL. (Eles nunca me chamavam pelo meu nome verdadeiro enquanto treinávamos.) Corri na frente dele e, enquanto estava ali, ele gritou: "Que porra você pensa que é? Pro chão agora!" O que significa se posicionar e manter: sustentar a posição de prancha. E todo mundo foi forçado a fazer o mesmo. No final do treinamento, porém, eu era mais durona do que a maioria dos caras. Ele gritava: "Vocês vão perder pra uma mãe de três filhas?"

A única diferença de força entre mim e os caras foi que eu nunca consegui fazer mais de quatro barras. Essa foi a desgraça da minha existência de treinamento. Não importava quanto eu treinasse, em cena, tive que trapacear. Fazia duas ou três, e às vezes até precisava de uma ajudinha para acertá-las.

Marquei uma reunião com um almirante de alto escalão em Coronado como parte da pesquisa, e ele confirmou que a única diferença física entre homens e mulheres candidatos aos Navy SEALs se resumia à força da parte superior do corpo. "Fora isso", disse-me, "é puramente mental". Nossa conversa me deu uma definição clara sobre o que eu precisava oferecer à personagem da tenente O'Neil. Retrataria sua força física, mas, no final, o mais importante era ter a resistência mental para continuar, não importa o que fosse.

Eu precisava dessa coragem quando começamos a filmar. Foi física e mentalmente desgastante, especialmente a cena em que O'Neil é uma das candidatas "capturadas" por um inimigo simulado e, como prisioneiros de guerra, aprendem o SERE — Sobreviver, Evadir, Resistir, Escapar. No segmento de Resistência, os presos são torturados para revelar informações, e tive que travar uma briga brutal com o comandante, interpretado brilhantemente por Viggo Mortensen, que, além de fingir ser inimigo, sempre foi antimulher e está tentando mostrar aos candidatos do sexo masculino a desvantagem e o perigo de uma mulher estar no campo de batalha. Ele forçou minha cabeça embaixo d'água e a manteve enquanto eu conseguia prender a respiração, me deixou tomar um ar e repetiu. Foi tão realista que um dos diretores-assistentes estava preocupado com que eu me afogasse. Honestamente, houve momentos em que tive esse medo.

HÁ POUCO TEMPO, me deparei com uma coluna que o querido crítico de cinema Roger Ebert escreveu após uma prévia de *Até o Limite da Honra*. Foi, ele observou, "intrigante vê-la trabalhar com a imagem de seu corpo. As famosas fotos grávida na capa da *Vanity Fair* podem ser colocadas ao lado de sua stripper em *Striptease*, da executiva em *Assé-*

LIVRO ABERTO

dio Sexual e da mulher que precisa decidir o que um milhão de dólares pode comprar em *Proposta Indecente*. Todas elas, e agora O'Neil, testam a tensão entre o corpo de uma mulher e sua ambição e vontade. *Até o Limite da Honra* faz isso da maneira mais óbvia e eficaz". Foi gratificante ver que alguém tão inteligente quanto Ebert entendeu.

Infelizmente, sua opinião ponderada sobre o filme foi atípica. Mesmo antes de ser lançado, as pessoas que ainda não o haviam visto já o criticavam. Parecia um tipo de decisão coletiva apenas para me depreciar e me tratar como a piada que sempre tive medo de ser.

Isso foi muito difícil, porque *Até o Limite da Honra* foi um verdadeiro trabalho de amor, um papel no qual eu acreditava completamente. Fiquei emocionalmente envolvida com a história, a mensagem e as questões levantadas. E pensei que, de fato, seria um filme muito bom.

É verdade que foi o primeiro filme que retratou mulheres em combate — ou uma mulher, de qualquer maneira — e certamente estava desafiando os limites ao mostrar a dinâmica física bruta envolvida e fazer a pergunta: se você tem a habilidade, por que não deveria ser uma opção? Eu ganhar mais do que qualquer mulher até então — e igual a muitos homens na indústria — e depois interpretar uma mulher tão forte quanto um homem foi insuportável para muitas pessoas.

Todas as críticas a *Até o Limite da Honra* e *Striptease* eram demais para assimilar. Soava como se eu tivesse traído mulheres em *Striptease* e homens em *Até o Limite da Honra*, recebendo uma quantia exorbitante para isso — e que ninguém me perdoaria. Absorvi toda essa negatividade sem digeri-la de fato.

Bruce estava trabalhando o tempo todo, e tínhamos nos desconectado emocionalmente. Nossa vida se resumia à logística envolvendo as crianças. E, embora Bruce sempre se orgulhasse de mim, eu não sabia se ele estava à vontade com a atenção que acompanhava meu êxito.

Não me ocorreu conversar com alguém sobre como eu estava em um momento difícil — na verdade, nem me ocorreu que me era *permi-*

DEMI MOORE

tido enfrentar dificuldades. Achava normal ter um problema. Só tinha que lidar com a merda sozinha.

GANHEI MUITO músculo fazendo *Até o Limite da Honra*, cheguei a 63kg. (Não acho que era o visual favorito de Bruce.) Meu pescoço estava enorme. Minhas costas também. Quando terminei o filme, havia calças que não passavam dos músculos da coxa. Era inebriante ser tão forte e poderosa, mas não era um visual que eu pretendia adotar, tal como minha cabeça raspada.

Minha reação habitual teria sido começar a passar fome novamente, iniciar um regime de exercícios para diminuir os músculos, mas não fiz nada disso. Eu tinha atingido meu limite. Quando cheguei em casa, em Idaho, tive uma epifania no chuveiro um dia: *Só quero ser do meu tamanho natural.* Eu não queria mais morrer de fome. Eu não queria avaliar meu sucesso como ser humano com base em quão magra podia ficar. Fiquei curiosa: qual *era* meu tamanho natural sem manipulação? E finalmente estava disposta a aceitar qualquer que fosse a resposta. Eu mal conseguia me lembrar de uma época em que não estava tentando dominar meu corpo — por um longo tempo, foi a única coisa que pude controlar. Percebi que manter o peso era uma maneira de me proteger. Acrescentei à minha oração diária um novo mantra: ter coragem de ser vista sem artifícios ou proteção. Eu não poderia continuar lutando contra meu corpo e meu peso. Precisávamos fazer as pazes.

Comecei suspendendo os exercícios pesados. Nunca voltei a fazer academia em casa. Nunca. Passei seis anos dolorosos lá, começando com o nascimento de Scout, em 1991, e terminando depois de *Até o Limite da Honra*, em 1997, e eu estava exausta. Não conseguia nem olhar para uma academia. A sala que ocupava agora é meu escritório.

Ao mesmo tempo, mudei toda a minha maneira de lidar com a comida. Em vez de encará-la como algo a dominar, decidi tentar comer quando estava com fome e parar quando estava satisfeita. Criei novas regras, que não incluíam respeitar café da manhã, almoço e jantar. Eu comia quando estava com fome, e se isso significasse que eu ficaria em jejum até o almoço, tudo bem. Ao longo de todas as diferentes dietas que fiz, percebi o que funcionou e o que não funcionou para mim. Eu sabia que precisava de mais proteína que carboidratos. Sabia que se eu comesse um pouco de cada vez, digeria melhor. Ainda me sentava com as crianças quando faziam as refeições, mas não necessariamente comia apenas por causa da hora do dia. Eu não tinha mais almoços ou jantares de negócios. Passei a planejar refeições apenas com pessoas que conhecia bem o suficiente para relaxar.

Meu peso diminuiu. Isso ficou mais evidente na primavera de 1997, quando estávamos começando a nos preparar para o Festival de Cannes. Elizabeth Taylor estava se recuperando de uma cirurgia no cérebro e me pediu para apresentar seu evento Cinema Against Aids em Cannes, e aceitei com satisfação. O filme de Bruce, *O Quinto Elemento*, abriria o festival. Eu estava organizando as roupas para os muitos dias de eventos, as escolhemos e fizemos os ajustes. Sem fazer dieta ou qualquer tipo de exercício extremo, perdi cerca de 13kg em pouco mais de três meses.

Finalmente fiz as pazes com meu corpo. Eu precisaria dessa paz para superar o que veio a seguir.

TINHA ACABADO DE voltar da turnê de imprensa para *Até o Limite da Honra*, quando recebi uma ligação de DeAnna. Minha mãe estava morrendo. Estava com câncer de pulmão metastático, além de um tumor cerebral recém-diagnosticado.

Se eu queria chegar a qualquer tipo de entendimento com ela nesta vida, era agora ou nunca.

PARTE III
SUBMISSÃO

CAPÍTULO 16

No início, pensei que era uma farsa. Imaginei que eu apareceria no hospital e descobriria que minha mãe estava bem e foi paga para me entregar aos paparazzi. Eu não disse a ela que a visitaria e, quando cheguei a Farmington, Novo México, não havia câmeras. Em vez disso, havia minha mãe, na casa de minha tia Carolyn, em uma cama de hospital que instalara em seu próprio quarto. Ginny não tinha mais cabelo por causa da quimioterapia, somente um pequeno e resiliente tufo vermelho. Ela estava gravemente doente.

Durante os oito anos em que ficamos sem contato, Ginny se casou novamente, não uma, mas três vezes. Um dos homens tinha sido tão abusivo que ela teve que ser hospitalizada após o pior de seus espancamentos. Morgan achou que ela continuava se casando para poder mudar seu nome e limpar sua classificação de crédito. Até hoje, DeAnna acredita que ela e meu pai nunca se divorciaram e que todos os seus casamentos subsequentes eram ilegais. Uma coisa parece certa: após a morte do meu pai, não importava com quem estivesse casada, Ginny sempre mantinha uma foto de Danny na mesa de cabeceira.

DEMI MOORE

Acho que, de uma forma confusa, o relacionamento de minha mãe com meu pai lhe dava estabilidade. Não estou dizendo que era saudável, mas a constante competição para ver quem poderia magoar mais o outro, quem tinha mais poder a qualquer momento, canalizou grande parte de sua energia em uma direção específica. Sem ele, ela estava completamente perdida e cada vez mais à mercê de seu vício e de sua bipolaridade, que finalmente foi diagnosticada. E agora seu corpo estava cedendo.

Quando ela me magoava, eu não via nada além disso. Sentia-me insegura e traída, e, no nível mais profundo, arrasada por ela não me amar o suficiente para ser uma mãe melhor. Para não me explorar por dinheiro. Para se comportar no meu casamento. Para me buscar na escola quando dizia que o faria. Para me proteger de Val. E todo o resto. Desde então, entendi que não existe alguém que "ame você o suficiente" para ser melhor. As pessoas só podem ser tão boas quanto são, não importa o quanto o amem.

Essa é a má notícia. A boa é que você tem o poder de avaliar as ações de maneira diferente em sua mente e em seu coração. Você pode optar por acreditar que seu valor é inerente, é seu, e que a maneira como sua mãe o tratou diz algo sobre ela, não sobre você. Ou pode optar por acreditar que a negligência de sua mãe significa que você é inútil e indigno de amor. Enquanto impedir que essa ferida cicatrize, ela doerá.

Quando decidi cuidar da minha mãe, no final da sua vida, comecei a curar a minha ferida.

A PRIMEIRA VEZ QUE fui a Farmington, DeAnna e Morgan foram comigo ver Ginny na casa de Carolyn, e ficamos lá por um curto período. Na segunda vez, recebi uma ligação dizendo que Ginny talvez não passasse daquela noite e corri de volta ao Novo México com Bruce e as meninas. Minha mãe não via Rumer desde seus 2 anos. Agora, estava com 10. Scout, que tinha 7 anos, e Lulah, que tinha 4, ela nem conhecera. Acho que o fluxo de todas essas pessoas e a energia a animaram, e, entre isso e os corticoides que o médico lhe receitara, ela viveu por mais três meses e meio.

Fiquei direto lá. Mudei-me para a casa da minha tia. Bruce — que se aproximou e foi um grande apoio nesse período — voltava para Idaho com as crianças, que precisavam ir à escola, e as levava para me visitar muitas vezes durante esses meses. Era maravilhoso ter a companhia das minhas filhas, que estavam no começo de suas vidas, enquanto eu passava tanto tempo com a minha mãe, no fim da dela.

Hunter Reinking, que era meu assistente desde o filme *Agora e Sempre*, juntou-se a mim no Novo México para me ajudar. Ele revezava os turnos da noite comigo, e dormíamos durante o dia, quando tia Carolyn assumia. Eu ainda tinha um pouco da hipertrofia muscular que desenvolvi em *Até o Limite da Honra*, então tinha força para levantar Ginny na banheira para seus banhos. Minha mãe estava tão fraca que mal conseguia levantar a Coca Diet onipresente, ou colocar os cigarros, que nunca abandonou, nos lábios. Não havia motivo para negar a ela o prazer de fumar naquele momento, o estrago já fora feito. Então eu acendia seus cigarros e os segurava na sua boca enquanto ela fumava. Ela dava uma tragada orgástica e suspirava: "Ah, isso foi muito bom." Não sei se foi um ato de solidariedade ou apenas uma maneira de lidar com o estresse, mas voltei a fumar.

Uma das coisas que sempre me frustrou sobre minha mãe foi sua insistência em sua própria vitimização. Quando estava morrendo, pela primeira vez, ela realmente *era* a vítima. De certa forma, acho que isso tornou mais fácil para ela ser ela. Certamente, facilitou que eu a perdoasse, tivesse compaixão por ela e lhe desse o tipo de amor e atenção que sempre desejou. Ginny finalmente conseguiu o que queria a vida

DEMI MOORE

toda: ser cuidada. Ser protegida. E, cada um à sua maneira, não é isso que todos queremos?

Lamento que ela não tenha tido a chance de aprender que o sentimento de segurança pode vir de dentro, de você mesmo. Sei que ela nunca foi capaz de superar o sentimento de não ser amada e que carregou o trauma da rejeição e da culpa até o fim. Enquanto estava cuidando dela, percebi um verdadeiro senso de inocência de sua alma. E pude ver que ela veio a este mundo como todos: querendo encontrar a felicidade, querendo se sentir amada, querendo ter a sensação de pertencimento. Ginny não começou a vida com um plano para ser prejudicial e negligente. Ela simplesmente não tinha as ferramentas para superar sua própria dor. Quando considero quão jovem ela era quando me teve, penso: *Meu Deus, ela era apenas uma criança.* Minhas filhas são muito mais velhas agora do que Ginny quando me teve. E elas ainda estão descobrindo quem são.

No final, Ginny se parecia muito com uma criança, alucinando ter 6 anos e insistindo que queria uma bicicleta no Natal. Outras vezes, ela era adulta, mas não sabia que seu pai havia morrido, e falava muito sobre ele levá-la "para a festa". Quando estava lúcida, às vezes eu tentava falar sobre coisas reais, para as quais esperava alcançar um desfecho. Ainda havia a parte menina de mim que queria respostas. Ginny nunca foi realmente capaz de ouvir ou assumir responsabilidades. O máximo que podia dar em reconhecimento era dizer: "Eu gostaria que tivesse sido diferente." O que, de certa forma, era muito. Era muito mais do que nada. Porque me dizia que ela sabia que não estava tudo bem. Que as coisas que me aconteceram estavam erradas.

Comecei a pensar em suas qualidades. Ela era muito criativa. Era engenhosa. Ela podia ser muito carinhosa e generosa, sempre acolhendo as pessoas. Ginny carregava muito mais do que foi capaz de viver em seus 54 anos. Ela morreu em 2 de julho de 1998.

LIVRO ABERTO

Bruce estava lá com as crianças, então todos nós ficamos em um hotel na noite anterior. Quando o telefone tocou, às 6h, me sentei na cama, sabendo o que estava prestes a ouvir. "Por favor, segure o telefone no ouvido dela", pedi a tia Carolyn. Sussurrei o que precisava dizer à minha mãe no telefone: "Eu te amo." Eu a amava. Ainda a amo.

Então voltei para a casa de Carolyn, onde Ginny havia parado de respirar em sua cama de hospital, e fiquei alguns minutos sozinha com ela, segurando sua mão. Eu não chorei naquele momento e não chorei quando entrei no banheiro do quarto dela e fechei a porta. Tive uma onda de clareza enquanto me mantinha absolutamente imóvel. Todas as emoções que senti por Ginny — minha raiva, minha dor, minha mágoa — eram *minhas*. O invólucro delas se fora. Quaisquer que fossem *seus* problemas, e Deus sabe que havia muitos, Ginny os levou com ela. Foi um momento libertador. Fui inundada de compaixão pela dor que ela havia sofrido a vida inteira e não teve como lidar ou superar. Fiquei triste por essa criança ferida que nunca havia se desenvolvido além do nível emocional de uma adolescente. Esse entendimento me libertou para começar a perdoar mais a mim mesma e parar de me esforçar tanto para não ser igual à minha mãe.

Fiquei no banheiro só por uns três ou quatro minutos, mas, quando abri a porta, me senti muito calma ao entrar no que quer que fosse a fase seguinte da minha vida. Eu havia aliviado uma carga tão pesada que senti vertigem.

NÃO É INCOMUM, pelo que ouvi dizer, deixar de se sentir como amante e melhor amigo do seu cônjuge e, com o tempo, passar a sentir que ele é alguém com quem você apenas negocia a rotina. Foi basicamente o que aconteceu com Bruce e eu. Mal tivemos tempo de ser um casal antes de nos tornarmos pais. Tivemos uma paixão arrebatadora e truncada que se transformou em uma família completa no nosso primeiro

DEMI MOORE

ano. Quando a realidade se instaurou, não sei se realmente nos conhecíamos. Logo, tornou-se apenas uma vida de coordenar detalhes, tentando sincronizar nossos horários.

De certa forma, acho que nosso casamento foi prolongado por nossas frequentes e longas separações. Nos primeiros dois anos da vida de Tallulah, fiz oito filmes, e Bruce também. Minha produtora, a Moving Pictures, estava em pleno funcionamento. E tínhamos três meninas menores de 10 anos, que eram nossa prioridade. Não é de surpreender que mal tivéssemos tempo um para o outro.

Com cada um de nós trabalhando em nossas respectivas carreiras, tivemos um tipo perfeito de distração para nossa energia. Quando estávamos juntos, tínhamos as crianças e nos concentrávamos nelas. Acho que Bruce estava atormentado por sua ambivalência em ser casado durante todo o tempo que passamos juntos — pelo menos foi como o senti durante todo o nosso casamento. Senti dor por ele e frustração por mim e, depois, uma mágoa profunda. Todos nós queremos ser desejados e protegidos, e ele não podia me dar isso porque ele não *sabia* o que queria. Honestamente, desde o início, acho que nós dois éramos mais apaixonados pela ideia de ter filhos do que por ser casados, e, no final, os filhos eram — e sempre serão — o que compartilhamos.

Obviamente, a ambivalência dele não era nosso único problema. Havia aspectos da personalidade de Bruce que eram semelhantes aos da minha mãe. Eram ambos imprevisíveis e às vezes impulsivos, e isso me deixava insegura. Eu nunca sabia com qual humor ele estaria ou se seus sentimentos por mim teriam mudado desde o dia anterior. Eu me acostumei com isso por ter crescido com Ginny e reaproveitei meu mecanismo de enfrentamento com Bruce, me tornando completamente autossuficiente. Mesma dança, parceiros diferentes.

Sempre mantive uma espécie de proteção emocional, como um fosso ao redor de um castelo, para não ser dependente dele ou ficar muito magoada quando ele mudasse de humor. Nunca me ocorreu que força e

LIVRO ABERTO

independência pudessem ser uma fraqueza até o dia em que Bruce entrou no meu escritório, a academia aposentada em Hailey, e me disse: "Sabe, sinto que, se eu não estivesse aqui, você poderia simplesmente seguir em frente sem pestanejar."

Ele está certo, pensei. A armadura defensiva que me acostumei a usar era tão rígida que não havia espaço dentro dela para outra pessoa. E percebi — tarde demais — que isso era uma limitação e também uma proteção. Reconheci que minha incapacidade de expressar minhas necessidades o impedia de atendê-las. Ao decidir que minha infância não fosse um fardo para alguém, o que realmente fiz foi evitar expor qualquer vulnerabilidade. Quando ele perguntava: "Você se importa se eu fizer isso?" — uma viagem noturna com os garotos para Las Vegas, por exemplo, ou outro show com sua banda —, eu *sempre* dizia, sem hesitar: "Vá em frente — ficaremos bem." Parte dele estava feliz por ter se casado com alguém tão compreensivo. Mas parte dele entendia, no nível mais profundo, que sua presença era irrelevante. Que eu não precisava dele.

Então Bruce e eu estávamos presos em nossa dança. Ele se sentia excluído pela minha autoconfiança, que o magoou de maneiras que ele não podia enfrentar e fomentou sua ambivalência sobre o nosso casamento. Minha reação à sua incerteza foi uma mágoa própria que *eu* não pude enfrentar, o que fomentou minha independência autoprotetora. E assim por diante, em um ciclo infinito.

Enquanto cuidava da minha mãe, Bruce e eu decidimos nos divorciar. Tomamos a decisão juntos, enquanto ele estava comigo no Novo México, me visitando com as meninas. Queríamos esperar para anunciar nossa separação publicamente após minha mãe falecer, para que seu funeral fosse focado apenas nela, como deveria ser, sem a distração do ataque da mídia que inevitavelmente sucederia qualquer palavra sobre nosso divórcio. Sabíamos que os tabloides nos importunariam, independentemente de como as informações fossem reveladas, mas

DEMI MOORE

imaginamos que divulgar a história por nossa conta, juntos, quando estivéssemos prontos, em família, daria outra cara à notícia.

Infelizmente, não foi assim que aconteceu. Recebemos um telefonema de nosso advogado alguns dias após nossa decisão, dizendo que ele soube que os tabloides haviam — de alguma forma — sido avisados e que publicariam uma matéria sobre a nossa separação no dia seguinte. Foi horrível, como sempre acontece quando você descobre que alguém em quem você confia (afinal, quem mais saberia? Não tínhamos dito a ninguém!) está vendendo você.

Geralmente, seja qual for a história que os tabloides contam, ela é um pouco certa e *muito* errada, mas essa verdade escassa é apenas o suficiente para fazer você se sentir totalmente exposto, especialmente quando afirmam que sua fonte é "alguém próximo". Esse "alguém" pode ser tão superficial quanto um cara que ouviu algum conhecido seu conversando em um restaurante, ou pode ser uma pessoa que você acha que é um amigo querido e está sendo pago para revelar seus segredos. Isso faz você questionar a lealdade de todos ao seu redor e o deixa com uma sensação terrível na boca do estômago.

De qualquer forma, eu estava estressada, tinha uma mãe moribunda e um casamento que estava terminando quando recebemos a ligação de nosso advogado. Não queríamos dar aos tabloides a satisfação de revelar a notícia, então anunciamos nossa separação naquele dia. (Por sorte, nosso "ataque surpresa" alcançara o efeito desejado. "Na quarta-feira, o casal confirmou a separação em um breve comunicado de imprensa que foi decepcionantemente [para as mentes inquiridoras] desprovido de detalhes", escreveu um jornalista na época no *E! News*. "O comunicado dizia que Bruce e Demi estavam 'terminando' sua união. E foi isso.")

Queríamos ter tido mais tempo para lidar com nossos próprios sentimentos e sentar com nossas filhas para lhes contar da maneira mais carinhosa e solidária possível o que aconteceria. Em vez disso,

LIVRO ABERTO

fomos apressados e ficamos chateados. Você deveria ser capaz de lidar com uma situação como essa (ou, na verdade, com qualquer situação) de dentro para fora, não de fora para dentro, mas não tivemos essa chance. Tomamos o que julgamos ser a melhor decisão para todos nós, e, felizmente, as crianças eram tão pequenas quando contamos sobre nosso divórcio que nem sequer conseguiam entender realmente o que isso significava. Era mais difícil para Rumer, é claro, com 10 anos e uma noção mais clara do que estava prestes a mudar — do que todos perderíamos.

CAPÍTULO 17

Há pouco tempo, fiz uma entrevista com um jovem que era um cinéfilo total, e me falou o quanto amava *Até o Limite da Honra*, como assistiu recentemente e sentiu que era memorável. Então ele disse: "Na época, eles eram tão duros com você na imprensa — foi um ótimo filme! O que foi aquilo?" Eu respondi: "Você não tem ideia de como é bom saber que você conseguiu perceber isso." *Até o Limite da Honra* nunca recebeu o crédito devido, na minha opinião — muito pelo contrário. Entre a recepção negativa, Bruce e eu nos separando, *e* minha mãe morrendo, eu estava totalmente arrasada no final de 1998.

Infelizmente, eu já havia sido contratada para fazer um filme na França chamado *Paixões Paralelas*, bem antes de Bruce e eu anunciarmos o divórcio, e antes de eu saber que minha mãe estava morrendo. Eu estava infeliz em Paris. Levei as meninas e as matriculei na escola durante os quatro meses que ficaríamos na França, mas, para chegar ao local do filme a tempo, eu tinha que sair da casa que alugamos às 5h30, antes que elas acordassem. Quando eu voltava, elas já tinham ido dormir. Quase não havia sentido em estarem comigo. Não era assim que deveríamos viver em um momento no qual ocorria uma

DEMI MOORE

grande mudança em nossa família, a maior na vida delas até então. Elas precisavam mais de mim e, francamente, eu também precisava mais delas. Tomei uma decisão: não haveria mais filmes nem correria. Eu queria estar em casa, em Hailey, com minhas meninas. Se não pudesse dar a elas um pai e uma mãe casados, queria que tivessem um lar e uma rotina estáveis. Nos cinco anos seguintes, me tornei algo que nunca havia sido: mãe em tempo integral.

Bruce e eu fizemos tudo o que conseguimos pensar para tornar a separação o mais fácil possível para nossas filhas, mas é claro que havia desafios. Scout, que sempre foi a mais independente e extrovertida, o epítome da confiança, ficou subitamente aterrorizada por passar uma noite fora de casa. Era como se sentisse medo de que, se saísse de casa, algo mais mudaria enquanto ela estivesse fora.

Enquanto isso, Tallulah, com 5 anos, só comia alimentos brancos. Tentamos melhorar a dieta, tirando pães e cream cheese, e ela reagiu não comendo *nada*... por dias. Foi a reação dela às coisas que pareciam fora de controle. Era assim que uma criança pequena encontrava poder, e ela era notavelmente teimosa. (Finalmente cedi e permiti que ela comesse os pães. Pode não ter sido a escolha ideal, mas também não a deixaria morrer de fome.) Estava preocupada por ela usar os alimentos como fonte de controle e para onde isso a levaria. Reconheci muito bem a possibilidade de que isso pudesse se transformar em algo grave. Esses problemas não eram nada atípicos, mas, se eu não estivesse presente para resolvê-los, poderiam ter se agravado facilmente.

A mudança para Idaho era o melhor para minhas garotas, mas não foi fácil fazer a transição para ficar sozinha sem a distração do trabalho. Lutei sentindo pena de mim mesma e usando as coisas erradas para afastar esse sentimento. Desde o começo, me prometi: não usaria álcool nem drogas para superar meu divórcio, e o mesmo se aplicava à comida. Lembrei-me do que havia passado antes de tentar controlar *meu* corpo e *minhas* emoções, e, se eu cedesse de novo, sabia que me destruiria.

LIVRO ABERTO

Bruce ficou na casa de hóspedes em Hailey por um tempo depois que decidimos nos separar. Em dado momento, acabou se mudando para sua própria casa, a cerca de 16km, na estrada para Ketchum. Quando a casa e a propriedade do outro lado da nossa rua ficaram disponíveis, Bruce as comprou. Tínhamos então um verdadeiro complexo familiar, no qual as crianças podiam facilmente ir e vir entre os pais e aproveitar o luxo da piscina aquecida de Bruce, mesmo no inverno. Foi perfeito.

É uma coisa engraçada de se dizer, mas tenho muito orgulho do nosso divórcio. Acho que Bruce estava com medo de que fosse difícil, de que eu expressasse minha raiva ou qualquer outro sentimento que eu tivesse do nosso casamento, impedindo o acesso dele às crianças — que eu recorreria a todas essas manobras que casais divorciados usam como armas. Mas não fiz nada disso, nem ele. Eu não tinha vontade de replicar a maneira destrutiva que meus pais usaram meu irmão e a mim como peões. Sabia o que isso fazia com as pessoas e sabia como era aprisionador para uma criança.

Não foi fácil no começo, mas conseguimos transferir a essência do nosso relacionamento, o sentimento que criou nossa família, para algo novo, que deu às meninas um ambiente amoroso e solidário com os dois pais. Elas nunca precisaram escolher entre um de nós para passar dado feriado ou aniversário. Nós deixávamos nossas coisas de lado e compartilhávamos esses momentos com elas. Tenho certeza de que elas seriam muito diferentes se tivéssemos lidado com a situação de uma forma mais egoísta.

Naqueles anos, vivi a dinâmica familiar mais convencional que já conheci. Eu era a mãe dona de casa cuja vida gira inteiramente em torno das filhas, seus horários, folgas, escolas, atividades. E Bruce era quem trabalhava, o ganha-pão. Bruce não ser mais meu marido era irrelevante, porque ele era um pai presente para as meninas. Nós nos sentimos mais conectados do que antes do divórcio.

DEMI MOORE

Nossa casa em Hailey é uma fazenda extensa, e os quartos de Rumer e Scout ficavam no outro extremo da casa, separados do quarto principal por um corredor. A distância era assustadora demais para elas no escuro da noite, quando eram pequenas, então dormiram no quarto principal por anos. Todos nós nos amontoávamos — provavelmente, não é a melhor coisa para um casamento, mas é muito aconchegante e, independentemente disso, era o que fazíamos. Depois de mais ou menos um ano assim, quando já estávamos sozinhas na casa, percebi que não conseguiria nem pensar em passar um tempo com outra pessoa, a menos que eu descobrisse como tirar as meninas do meu quarto.

Era um passo muito grande para Scout e Rumer percorrerem toda a distância de seus quartos, e Tallulah só dormia comigo, então tive a ideia de criar um "quarto de dormir" perto do meu: três colchões no chão e o essencial para dormir — escovas de dentes, livros, pijamas, caixa de música — e só o usávamos à noite. Durante o dia, havia a sala de jogos que construímos na reforma. Tínhamos uma intrincada casa de pássaros em uma prateleira na sala de estar, e, por um capricho, perguntei a um dos carpinteiros se ele poderia recriá-la como uma casa de brinquedo. O resultado foi uma réplica exata, com um telhado de telhas, paredes de tábuas e portas holandesas. Ficou encantadora.

Havia todo tipo de projetos para fazer na propriedade, para os quais finalmente tive tempo. Tínhamos um pequeno playground perto de casa e, à medida que as meninas cresciam, adicionei mais balanços e equipamentos de escalada. Seus colegas de classe costumavam ir em massa brincar lá fora. Uma ramificação do rio Big Wood corre atrás da casa, e coloquei pedras ao longo da margem para evitar a erosão. Quando o rio estava baixo, a lama estava alta, e as meninas adoravam se cobrir com ela. Quando a água estava alta, elas nadavam e flutuavam em uma boia em nossa lagoa no quintal. O inverno chega cedo nas montanhas, e as meninas patinavam no rio congelado e esculpiam cavernas de gelo diretamente do convés da casa com os amigos.

LIVRO ABERTO

Fiz boas amigas em Hailey, que me viam como vizinha e colega de maternidade, e nada mais. A amiga mais querida de Scout desde os 18 meses, Sarah Jane, é filha de uma mulher incontrolavelmente engraçada, absurda e totalmente irreverente chamada Sheri — Sheri-O, como a chamamos — que se tornou (e continua sendo) minha confidente mais próxima e parceira de aventuras. Ela é uma grande jogadora de golfe, e Bruce adorava passar horas com ela no campo. Nossas meninas chamavam umas às outras de Hamster Jane e Skunky LaRue.

Hailey realmente era o nosso lar.

MINHAS FILHAS ME possibilitaram brincar. Quando não estava trabalhando em casa, passava horas montando conjuntos de quarto da American Girl e fazendo fortes para animais de pelúcia. E eu tinha uma desculpa para comprar brinquedos.

Meu tempo de brincar quando criança era muito limitado, e passei a compensá-lo com um entusiasmo que beirava a obsessão. Lembro-me de ir à Target, em Twin Falls, com as meninas — Hunter praticamente fez mágica para que pudéssemos chegar após o expediente, e foi incrível ficar lá sozinhas. Parecia que estávamos na fábrica de chocolate de Willy Wonka. Em segundos, zeramos a seção de brinquedos.

Meus olhos se fixaram nas bonecas da Cabbage Patch. Puxei três variações supostamente idênticas — para qualquer outra pessoa, pareceriam a mesma boneca. Mas comecei a procurar, verificando qual tinha a expressão mais doce, qual tinha os olhos no espaçamento ideal, alternando repetidamente entre elas... o quê?

O que eu estava procurando?

Não fui ao terapeuta depois que Bruce e eu nos separamos. Comprei brinquedos. Era um vício, mas também uma tábua de salvação. Nos últimos anos, ao limpar despensas cheias de brinquedos e bonecas que acumulei durante esse período, senti a dor que carregavam. Agora

DEMI MOORE

percebo que minha obsessão me impediu de fazer algo pior. Na época, eu achava que estava tudo bem. Bruce e eu nos entendíamos. As meninas prosperavam. Comecei a namorar um artista marcial que conheci depois que ele fez uma apresentação na festa de 8 anos de Scout. Oliver fez eu me redescobrir como mulher — não como esposa ou mãe. Pela primeira vez, removi todas as expectativas de um relacionamento amoroso.

Hunter era uma companhia constante. Não era só assistente, era um membro da nossa família. Ficou comigo na época mais intensa da minha carreira, na morte da minha mãe, e, agora, aqui estava ele, me acompanhando durante o divórcio, testemunhando minha loucura de compras de brinquedos sem julgamento. Não que ele não implicasse: "Serei mais agradável se você for mais esperta" é um dos meus hunterismos favoritos. Sua sagacidade sarcástica era sua maneira engraçada, mas carinhosa, de transmitir uma dose da verdade.

E era a verdade o que eu procurava. Acho que durante aqueles anos em Idaho, quando me afastei de Hollywood, no auge do meu poder aquisitivo e do meu sucesso, eu estava tentando me entender. Não tinha interesse em trabalhar. (Só aceitei um voice-over de um comercial da Chevy, porque conseguia fazê-lo ao dirigir até um estúdio de gravação em Ketchum e depois passar pela escola das meninas a tempo de buscá-las.) Houve momentos em que pensei: *Ficarei bem se nunca mais trabalhar? Isso será suficiente?*

Procurei uma resposta em todo canto. Li todos os livros de autoajuda que encontrei. Falei com um monge tibetano. Me reuni com um xamã do Novo México. Contratei uma curandeira cherokee para realizar uma cerimônia em minha casa. Fiz uma caminhada no Butão com Oliver. Organizei um workshop de fim de semana que explorava o poder da intuição e da intenção com minha grande amiga Laura Day. Eu estava aberta para encontrar a verdade onde quer que estivesse — e revirei as possibilidades espirituais. Minha busca por epifania e sentido *era* meu trabalho na época.

LIVRO ABERTO

APESAR DE TODAS AS vantagens de morar em uma cidade pequena, também há limitações. Rumer, que estava terminando o ensino fundamental quando Bruce e eu nos separamos, teve dificuldades não apenas com nosso rompimento, mas também com a identificação com seus colegas de escola. Essa situação não melhorou no ensino médio. Na época, decidiu que queria fazer algo novo. Em 2002, começou seu primeiro ano na Interlochen, um internato voltado para artes em Michigan, que é como a Juilliard das escolas secundárias. Ela foi a pessoa mais jovem já aceita.

Na mesma época, tive a oportunidade de diversificar. Drew Barrymore me ligou. Ela estava produzindo uma sequência do filme *As Panteras*, que havia sido um grande sucesso dois anos antes, estrelado por Cameron Diaz, Drew e Lucy Liu. Queria saber se eu consideraria interpretar uma nova personagem, chamada Madison Lee, uma ex-Pantera que desertou, uma boa garota que ficou má. "O papel foi escrito para você", disse Drew. Gostava muito dela — na verdade, gostava de todas as pessoas envolvidas nesse filme. Mas eu relutava em deixar Hailey e o casulo que criei lá. Drew não desistiu. "Pense nisso", disse ela. "O cronograma de filmagem é de apenas vinte dias."

Voei para Los Angeles para me encontrar com Drew. "Por favor, confie em nós", disse ela. "Esse papel é seu. E é apenas por vinte dias." Pela primeira vez, não havia como começar um filme com a minha típica negatividade. Drew estava me implorando para aceitar, e meus agentes clamavam que esta era uma grande oportunidade. Não era o projeto para o qual eu me imaginava voltando, e não estava totalmente à vontade em interpretar uma vilã. Mas a cartada final, no entanto, foi a empolgação das minhas filhas. Elas viram o primeiro *As Panteras*, e a ideia de eu estar no segundo filme as deixou em um frenesi tremendo. Estávamos todas prontas para viver um pouco de emoção e mudar de ares.

CAPÍTULO 18

Eu estava em Nova York fazendo a divulgação prévia de *As Panteras*, e foi *uma experiência completamente diferente para mim*, bem física, muito feminina e divertida. Era primavera de 2003, e eu tinha acabado de posar para a capa da *Vogue*, com Mario Testino. Minha amiga Sara Foster ligou e perguntou se eu queria jantar com um grupo de amigos. Ela mencionou que Ashton Kutcher compareceria — um ator presente na televisão há um tempo, no *That's 70s Show*, e cuja carreira estava em ascensão. Ele despontara com um programa de câmera escondida que criou, chamado *Punk'd*, e era bastante popular — ele estava na cidade para apresentar o *Saturday Night Live* naquele fim de semana.

Todos nós nos reunimos em seu quarto de hotel no início da noite. Ele tinha acabado de ensaiar e precisava de um banho rápido. Ele estava andando pela suíte com uma toalha quando pedi licença para ligar para minhas meninas. Eu estava no corredor dando boa noite a elas quando a porta se abriu e Ashton, agora completamente vestido, surgiu. Ele olhou para mim com um olhar sério, quase tímido. "Foi a coisa mais linda que já ouvi", disse ele, e logo fechou a porta. Naquele momento, ele passou de um paquerador fofo para alguém profundamente interessante.

Naquela noite, no jantar, foi como se ninguém mais estivesse lá.

Ele me contou sobre a infância nos milharais de Iowa. Pela maneira como falava sobre seus objetivos, ficou claro que ele tinha uma ética de trabalho séria, uma espécie de crença de cidade pequena em arriscar com a cara e a coragem. Ele era alto, com um cabelo rebelde e, igual a mim, começara a carreira como modelo. Mas gostei que a beleza dele fosse um tanto peculiar; ele quebrou o nariz várias vezes, e isso deu personalidade ao seu rosto. Ele era sociável, acolhedor e animado, e me senti muito bem em sua companhia.

Quando todo mundo estava pronto para ir embora, ainda estávamos conversando. Eu estava hospedada no meu apartamento no San Remo, que ficou comigo após o divórcio com Bruce. Decidi vendê-lo, então quase não havia móveis, apenas muito espaço — três andares! — e vistas deslumbrantes para o Central Park. Convidei Ashton para ir até lá comigo, e ficamos acordados a noite inteira, ainda conversando, contando nossas histórias de vida — e nos entendendo perfeitamente. Parecia que nos conhecíamos há anos. Tudo fluía entre nós, e havia um profundo conforto — e muita eletricidade. Não é todo dia que você conhece alguém com quem se sente totalmente seguro e empolgado. No final, adormecemos lado a lado.

No dia seguinte, Ashton teve que ir ao ensaio do *SNL*, e eu tive que voltar para casa para uma apresentação que Scout faria na escola. Continuamos conversando digitalmente. Ashton e eu não conseguíamos parar de enviar mensagens de texto um para o outro. Entre todas as trocas de roupas no ensaio, ele me mandava uma mensagem, e eu não conseguia resistir a responder imediatamente. Era um nível de atenção frenético. Trocávamos mensagens sem parar, como se fosse

LIVRO ABERTO

aquele jogo em que se tenta manter uma bexiga no ar e não quer ser o único a deixá-la cair.

Era um dia claro e bonito, mas, quando cheguei ao aeroporto, naquela tarde, estava completamente fechado. Disseram que uma tempestade enorme — nível quatro — se aproximava. Foi muito estranho. O céu estava ensolarado, sem nuvens e azul, mas fiquei presa na cidade de Nova York. Parecia que o Universo nos deu uma oportunidade, exigindo que passássemos mais tempo juntos. Claro que mandei uma mensagem para Ashton imediatamente. "Você não vai acreditar nisso, meu voo foi cancelado. Quer fazer algo?" Naquela noite, ele me mandou uma mensagem entre cada esquete, enquanto tiravam a peruca dele e enfiavam a próxima, e apareceu assim que o programa terminou.

Depois disso, não conseguimos nos ver por várias semanas. Mas nos ligávamos sempre, totalmente conectados, fervendo de paixão e desejo. Era ótimo. Quando comecei o relacionamento com Ashton, tive uma nova confiança de que minhas percepções eram claras e fortes e que me *conhecia* — este era o presente daquele período muito centralizador em Hailey, longe da ação e da distração de Los Angeles. Eu não me sentia insegura perto dele. Sempre quis que fosse assim: um amor que parecia puro, simples e profundo. Eu sabia o que queria mais do que nunca na vida, e parecia que talvez a vida estivesse me apresentando exatamente isso, a verdadeira intimidade. Uma alma gêmea.

Ele tinha 25 anos. Eu, 40. Mas, estou lhe dizendo, não sentíamos essa diferença. Estávamos totalmente sincronizados, desde a nossa primeira conversa. Tenha em mente que, quando *eu* tinha 25 anos, me tornei mãe. Pulei direto de jovem adulto para a maternidade e o casamento. Quando conheci Ashton, me pareceu uma segunda chance, como se eu pudesse voltar no tempo e experimentar como era ser jovem, com ele — muito mais do que jamais teria experimentado quando eu estava na casa dos 20 anos.

DEMI MOORE

E ele não era um moleque. Ele tinha uma abordagem muito madura da vida. Tinha objetivos. Aos 25 anos, já estava extremamente focado em seu futuro. Ele foi — e ainda é — a pessoa mais dedicada ao trabalho que já conheci. Era uma companhia animadora e empolgante.

Semanas após aquele primeiro encontro, Ashton e eu finalmente tivemos a chance de nos rever, em Los Angeles. Tínhamos passado tanto tempo no telefone conversando que foi maravilhoso vê-lo pessoalmente. Apenas tocar sua mão já era eletrizante, porque havia muita emoção por trás disso. Fomos ao In-N-Out Burger, tentando evitar os paparazzi e manter as coisas em segredo. Eu sabia, desde o primeiro dia, que, se Ashton e eu ficássemos juntos, seria um frenesi. Era uma informação muito bombástica devido à nossa diferença de idade, eu estar fora dos olhares do público e Ashton receber muita atenção naquele momento, porque *Punk'd* estava em foco. Tentei avisá-lo sobre o que estava por vir se nos tornássemos um casal. Eu disse a ele: "Você será seguido. Eles estarão *em toda parte*. Você gosta da sua liberdade? Ela vai entrar no esquecimento." Mas ele não assimilou, de fato. Como poderia? Mais tarde, ele confessou que, se tivesse entendido completamente como seria, talvez nunca tivesse se envolvido comigo.

Depois do jantar naquela noite, ele me levou para ver um terreno que havia comprado logo abaixo da Mulholland Drive, nas montanhas acima de Beverly Hills, onde queria construir sua casa dos sonhos um dia. Eu adorava seu jeito tão expansivo, de quem parecia olhar para a vida em sua totalidade, sem apenas reagir ao que surgisse. Foi outra noite perfeita, que nunca esquecerei. Talvez porque eu estava mais velha e mais segura do que nos relacionamentos anteriores, ou talvez porque finalmente tinha feito as pazes com meu corpo, ou talvez apenas devido à natureza inerente de nossa dinâmica, mas, seja lá pelo que for, eu me sentia completamente segura com Ashton, o que tornava a conexão sexual possível de uma forma que eu nunca havia experimentado.

LIVRO ABERTO

Essa sensação de segurança também me permitiu ficar emocionalmente vulnerável e me abrir de uma nova maneira. Silenciei completamente a lembrança daquela terrível experiência com Val aos 15 anos. Eu nem sabia classificá-la como "estupro" na minha própria mente. Só sabia que isso me assombrava. Que sempre que eu estava em uma situação em que me sentia vulnerável, minha eu de 15 anos aparecia. Ashton foi a primeira pessoa com quem realmente conversei sobre isso, e isso me permitiu começar a lidar com esse trauma, essa vergonha, e iniciar meu processo de cura.

Ele teve uma noite de folga e decidiu voltar para Idaho comigo, para ver como era minha vida lá. Hunter e Sheri-O, que estavam em LA, voariam comigo para Hailey, e, quando estávamos indo para o aeroporto, eu disse a Sheri: "Tenho um segredo, estou saindo com Ashton Kutcher." Sheri disse: "Não faço a menor ideia de quem seja." Paramos em uma banca de jornal e Hunter desceu do carro e comprou uma *Rolling Stone*, com Ashton na capa. Quando Sheri olhou para a capa, disse: "Bem, definitivamente, ele é um pedaço de mau caminho!" E concordei plenamente.

Ashton estava muito tímido quando todos nos encontramos no aeroporto e pegamos o jato que Bruce e eu ainda compartilhávamos. Na verdade, ele estava tão tenso que mal falou uma palavra durante todo o voo. Lembrei-me da primeira vez que entrei em um avião particular, com Bruce, no início do nosso relacionamento, e como isso foi emocionante e estranho. Quando aterrissamos, em Hailey, fomos buscar nossas garotas: Scout e a filha de Sheri, Sarah Jane, estavam voltando de uma viagem escolar para um curso de sobrevivência na selva. Ashton virou-se para mim no carro e disse: "Quero que saiba que entendo a responsabilidade de estar na vida de uma criança. Sei que não se pode entrar e de repente sair."

Quando as meninas desceram do ônibus e nos viram, todas começaram a cochichar: "Aquele é ASHTON KUTCHER?!?!"

Ele se deu bem com Scout e Tallulah imediatamente. Ashton tinha um padrasto maravilhoso, que significava muito para ele, então acho que ele entendia o impacto que os homens poderiam ter na vida de crianças que não eram biologicamente deles. E ele *gostava* que eu fosse mãe, acho que ser alguém importante para meus filhos era algo que o atraía. Pode parecer uma coisa estranha para um garoto de 25 anos, mas, novamente, ele não era um rapaz comum. Era travesso e bobão, mas com um lado responsável, sincero e centrado. Ele tinha um senso muito forte do papel que um bom homem deveria desempenhar na vida de uma família. E queria fazer parte da nossa turma.

No dia seguinte, nosso avião teve que retornar a Los Angeles para pegar Bruce, e Ashton aproveitou para voltar ao trabalho. Eu queria que Bruce soubesse caso se cruzassem — então disse a ele: "Tenho um amigo que vai sair do avião, Ashton Kutcher." A reação de Bruce foi: "Você é uma *ótima* mãe." Ele achou que eu tinha chamado Ashton por causa das meninas, assim como tínhamos organizado para Aaron Carter ir à Disney no aniversário de Scout.

ASSIM QUE SE CONHECERAM, Ashton e Bruce se deram muito bem. Saíamos regularmente, jogando cartas, jantando ou apenas relaxando. Era adorável. (Um detalhe curioso: Ashton se mudou para Los Angeles com January Jones, a atriz que interpretou Betty Draper em *Mad Men*. Na época, eles eram noivos e estavam começando a carreira — posando, fazendo pequenos papéis. Aos 23 anos, January conseguiu um papel pequeno no filme *Vida Bandida*, que Bruce estrelou aos 46. Ashton estava convencido de que eles tinham tido um caso no set. Anos depois, me sentei ao lado de January em um evento e mencionei isso. "Está falando *sério*?", disse ela, rindo. "Eu disse a ele cem vezes que não queria foder com aquele coroa!")

Ashton e eu mantivemos nosso relacionamento em sigilo por um tempo, mas depois isso se tornou absurdo, afinal, estávamos apaixo-

LIVRO ABERTO

nados e queríamos estar na vida um do outro o tempo todo. Em junho de 2003, fizemos nossa primeira aparição pública juntos, na estreia de *As Panteras: Detonando*. Em um fantástico vestido da Missoni, passei pelo tapete vermelho com Ashton em um braço e Bruce no outro, e minhas três filhas no centro das atenções. Eu queria dizer: *Você pode ser uma família após o divórcio, apenas de uma nova forma*. E eu estava neutralizando preventivamente qualquer narrativa de conflito entre Bruce e Ashton que a imprensa tentasse criar. Funcionou. Foi uma noite excelente.

Mas a reação ao nosso relacionamento foi tão frenética quanto eu esperava, talvez até mais. Estávamos nos tabloides constantemente; não saíamos de casa sem ser fotografados. Meus agentes achavam que meu relacionamento estava me magoando, pois todo o foco em eu estar com um homem mais jovem significava que as pessoas não me levavam a sério. Não dei a mínima. Nunca fui tão feliz na minha vida.

Comprei uma casa bonita, não muito longe daquele terreno onde Ashton queria construir sua casa dos sonhos, nas montanhas acima de Beverly Hills. Era como uma pacífica casa na árvore Zen, muito acima do barulho e do tráfego da cidade. Você podia apreciar o pôr do sol cor--de-rosa sobre as montanhas quando se sentava à beira da piscina e ver as árvores em todos os lugares dos quais olhava através das paredes de vidro. Seria o nosso oásis.

Ashton e eu não queríamos nos separar nem por um minuto. Quando minha casa estava sendo reformada, ele convidou minhas meninas e a mim para ficarmos com ele. Parecia tolice alugar algo separado quando queríamos ficar juntos o tempo todo, e as meninas amavam Ashton. Rumer queria voltar para Los Angeles, sentia falta da família, e o internato não tinha sido tudo o que esperava.

A casa de Ashton foi uma de suas primeiras grandes aquisições, bem acima de Beverly Hills, completa, com quadras de tênis e piscina — era um lugar bastante notável para um rapaz de 25 anos. Ashton tinha uma relação com o sucesso muito diferente da de Bruce. Ele não gastava desenfreadamente. Era cuidadoso e metódico, e seus investimentos sempre refletiam isso, incluindo sua primeira casa. Antes de nossa chegada, tinha sido uma casa de festas autêntica de Los Angeles — você pode ler sobre isso na *Rolling Stone*. (George Bush era presidente na época, e, de alguma forma, suas filhas gêmeas acabaram fumando maconha naquela casa em uma das festas de Ashton. Ele tinha certeza de que o Serviço Secreto estava ouvindo suas ligações a partir de então.) Definitivamente, havia algumas pessoas que tocavam a campainha tarde da noite antes de a notícia sobre as novas inquilinas de Ashton se espalhar.

Com cerca de um ano e meio do nosso relacionamento, Ashton apresentou o *SNL* pela segunda vez, e decidimos abordar todo o falatório sobre nossa diferença de idade de forma direta e da maneira mais engraçada possível. Diferente da época em que o apresentei, desta vez aproveitei cada minuto. Durante seu monólogo de abertura, Ashton disse: "As revistas se concentram na nossa diferença de idade, e tudo em que me concentro é que ela é a melhor coisa que já aconteceu comigo. Ela está aqui hoje à noite. Demi, amo você, querida." A câmera me focou na plateia — com uma maquiagem que me fez parecer ter cerca de 90 anos, com peruca e sobrancelhas brancas, usando um vestido roxo e segurando uma bolsa no meu colo, como a rainha da Inglaterra. "Você está indo muito bem, amor", resmunguei com a minha melhor voz de velhinha. "Você está um tesão!"

Então Ashton me chamou para o palco "para que pudéssemos aproveitar esse momento juntos", e me arrastei para fora do meu assento e me inclinei sobre o andador que estava me esperando no corredor. "Ela ainda é a mulher mais gostosa de Hollywood", anunciou ele quando subi ao palco, o que arrancou gargalhadas, porque parecia que eu tinha acabado de sair de uma casa de repouso e tinha aqueles peitos enormes e pendurados que o pessoal do *SNL* colocou em mim. "Uso esse medalhão como símbolo do nosso amor", disse Ashton, apontando

LIVRO ABERTO

para seu colar. Prossegui com: "E tenho essa pulseira de identificação para que os cuidadores saibam que tenho diabetes!" Ashton assentiu e disse: "Ela está na pior." Entãr nos beijamos e meus dentes falsos saíram em sua boca.

A situação toda foi hilária. Adorei estar em um ponto da minha vida em que não me importava com o que os tabloides diziam. Eu não ligava para o que as pessoas pensavam sobre as minhas escolhas. Estava vivendo do jeito que *eu* queria viver. E não havia razão para me sentir incomodada com a minha idade. Eu tinha acabado de completar 42 anos. E estava grávida.

CAPÍTULO 19

Ashton e eu logo percebemos que queríamos ter um filho; era somente uma questão de quando seria. Comecei muito rápido uma família com Bruce e, desta vez, queria construir uma base no relacionamento primeiro. Queria tempo para aproveitarmos um ao outro. Mas, por outro lado, eu estava na casa dos 40. Para eliminar a pressão do tempo, em menos de um ano de relação, decidimos congelar embriões.

Fui chamada para fazer o filme *Protegida por um Anjo*, que deveria ser uma boa oportunidade que minha equipe conseguiu para mim logo após *As Panteras*. Tenho certeza de que a maioria de vocês nunca ouviu falar sobre ele, o que é um sinal. Era um roteiro interessante — uma história de suspense/espíritos sobre uma romancista de mistérios best-seller que é atormentada pela culpa proveniente da morte acidental do filho —, mas havia problemas com dinheiro, o diretor era desconhecido e filmá-lo significaria ficar longe das minhas meninas por um mês antes que elas pudessem ir me ver — nunca tínhamos ficado tanto tempo separadas.

DEMI MOORE

Ashton me disse para fazê-lo. "As meninas vão ficar aqui, e eu jantarei em casa todas as noites", disse. "Vou manter a vida familiar, como se você nunca tivesse saído."

Filmamos no País de Gales e na Cornualha. Antes de sair de Los Angeles, cedi e comprei dispositivos eletrônicos para as três, para falarem comigo quando quisessem. A tecnologia tinha chegado ao ponto em que todos mandavam mensagens de texto a torto e a direito, e eu sentia muita falta das minhas meninas e de Ashton, apesar de parecerem felizes nas fotos enviadas. Fiquei radiante de alegria quando ele as levou para me verem. Ficamos em uma casa incrível em Londres, perto de Mayfair, que fora um convento. Havia uma piscina no porão — era como nadar em uma caverna subterrânea. Foi uma aventura explorar a escada dos fundos com as meninas e desbravar aquela casa inusitada.

Uma noite, após elas irem para a cama, Ashton e eu nos sentamos no chão da sala grande, pernas cruzadas em frente à lareira, e tivemos a primeira conversa sobre casamento. Estávamos à vontade, sentados à luz do fogo, e foi uma conversa fluida e tranquila sobre considerar essa possibilidade pelas minhas meninas. Será que as ajudaria, pensamos, enquanto tentavam entender essa nova família, nossa nova casa? Havia muita especulação sobre nosso relacionamento não ser sério, quando, de fato, Ashton acabara de tomar conta da casa por um mês; as meninas começaram a chamá-lo de MOD, abreviação de "my other dad" ["meu outro pai"].

Ashton e eu fomos a um culto de Sabá no Kabbalah Centre, em Marylebone. Comecei a estudar cabala assim que voltei de Idaho. Quando cheguei a Los Angeles, senti como se não conhecesse mais ninguém. Mas meu amigo Guy Oseary, de quem sou próxima desde os anos 1990, estava lá, e me reinseriu nos meios sociais. Ele me levava a jantares, a boates (eu não bebia, mas adorava dançar), me reaproximou de Madonna — seu marido na época, Guy Ritchie, me deu uma cópia de *O Poder da Kabbalah*. Guy Oseary me convidou para conhecer o professor deles, Eitan, nos escritórios da Maverick, em Beverly Hills, a

LIVRO ABERTO

gravadora que começou com Madonna, e foi uma hora profundamente calma e perspicaz ouvindo Eitan falar sobre os princípios da cabala e o lado espiritual do judaísmo. Eu estava curiosa para saber mais, então fui para casa e devorei o livro. Madonna estava dando uma aula semanal em sua casa, e comecei a ir regularmente.

Quando Ashton e eu nos encontramos, ele também se interessou pela cabala. Compartilhávamos uma busca espiritual. Ele crescera no catolicismo. Fui batizada, mas não cresci com nada específico. Nós dois questionávamos o que deveríamos ser e fazer, como nos encaixaríamos no grande plano. Estávamos convencidos de que, no entanto, nossa união era um passo no caminho certo.

As meninas tinham 17, 14 e 11 anos na época, e, como eu disse, ele queria ser o melhor padrasto do mundo. Também era um cara animado na casa dos 20 que queria sair e se divertir, e fizemos muito disso. Íamos aos jogos do Lakers, saímos com os amigos dele do *That's 70s Show*, eu o apresentei a todos que conhecia em Los Angeles, que até então eram relevantes na indústria do entretenimento.

Ashton era muito bom em se conectar com as pessoas — criar laços, falando de um jeito um tanto cafona. Era bom nisso pessoalmente e online. Foi uma das primeiras pessoas a ter mais de 1 milhão de seguidores no Twitter; ele entendeu o poder das mídias sociais muito antes da maioria das pessoas e me envolveu nisso por um tempo também. A princípio, Ashton e eu apenas avaliávamos, vendo como era e o que significava. Mas então percebi que o Twitter era uma maneira de interagir diretamente com as pessoas sem o intermédio da mídia.

Acho que as pessoas viam um número desproporcional de fotos minhas nos tabloides franzindo a testa ou parecendo zangada enquanto tentava afastar os onipresentes fotógrafos que me circundavam. Considerei o Twitter como uma oportunidade de mostrar um lado meu mais leve e acolhedor. E de repente as pessoas estavam *me* conhecendo, não a imagem "Gimme Moore" das mídias ou quem a imprensa decidia que eu era naquela semana. Eu estava me conectando com elas, compartilhando algo real. E era uma via de mão dupla. Uma vez, quando Ashton estava fora do país e sabia que eu estava dormindo, enviou uma mensagem a todos os seus seguidores para fazerem um "tsunami do amor" no meu feed do Twitter. Eu ainda estava de pijama quando notei meu Sidekick — o dispositivo do momento — explodindo com milhares de tuítes carinhosos.

Ashton era ótimo em coisas assim. Deixava Post-its pela casa com mensagens como "Só pra lembrar que você é incrível" ou simplesmente "Te amo", e significavam tanto para mim que alguns ficaram intactos por cinco ou seis anos. Era um grande presente morar com alguém que claramente queria que eu me sentisse bem, me divertisse e me deleitasse.

Ele me levou ao México para uma viagem romântica de dia dos namorados, e fez um caminho de pétalas da suíte principal até a banheira, à luz de velas. Foram nossas primeiras férias juntos, sozinhos, e de fato as aproveitamos. Fizemos massagem para casal e lemos sob uma tenda na praia. Mas, na maior parte do tempo, ficamos nus na cama.

Uma noite, nos vestimos e saímos para jantar. Ashton desfrutava de uma taça de um bom vinho tinto quando disse: "Não sei se alcoolismo realmente existe, acho que é mais uma questão de moderação."

Eu queria ser essa garota. A garota que pode tomar uma taça de vinho no jantar ou uma dose de tequila em uma festa. Na minha opinião, Ashton também queria que eu fosse. Então, tentei me tornar ela, uma garota divertida e normal. Eu não pensava: *Ele é um garoto de 20 anos que não tem ideia do que está falando.* Eu não pensava: *Tenho quase duas décadas de sobriedade, isso é uma grande conquista.* Em vez disso, busquei justificativas para seu argumento. *Muitas pessoas festejam demais na juventude e depois desenvolvem um relacionamento perfeitamente saudável com o álcool,* disse a mim mesma. Usei a comida como forma de me torturar a certa altura e, desde então, havia mudado meu relacionamento com ela — mas, obviamente, sem abrir mão completamente. Eu também poderia fazer isso com o álcool? De volta ao nosso quarto, tomei uma cerveja no minibar.

Naquele primeiro fim de semana, quando reabri as portas para o álcool, parecia que eu nunca tinha bebido. E foi assim — tudo estava sob controle, disse a mim mesma. Saímos do México e voamos para Chicago, onde Ashton foi gravar uma participação no *Oprah*. Eu estava assistindo do camarim enquanto ele me enaltecia durante a gravação — vi as mulheres na plateia se derretendo.

Em seguida, fomos para a Flórida, para uma grande corrida da NASCAR, em Daytona, onde Ashton daria a largada. Havia um quarto de hotel para usarmos durante a corrida. Voltei para o quarto sozinha e mergulhei no minibar para tomar uma cerveja. Ninguém estava me monitorando, é claro, mas eu não conseguia evitar a sensação de estar fazendo algo errado — você não pode ficar sóbrio por vinte anos e não sentir que terá um problema se tomar uma bebida. As palavras que o AA usa para descrever o alcoolismo são *ardiloso*, *desconcertante* e *poderoso*. Pensei: *Posso mesmo me safar disso? Se eu só beber cerveja?* Bebi durante todo o fim de semana em goles furtivos e deliberados.

Nossa parada final foi em Miami, onde Sean Combs nos ofereceu sua casa na Intracoastal Waterway — incrivelmente bonita, e éramos só nós dois. Foi lá que notei o atraso da menstruação e falei com Ashton. "Embora tenhamos viajado e, às vezes, isso atrapalhe...", hesitei. Não havia ninguém que pudéssemos enviar à farmácia para comprar um teste, e não havia como um de nós se arriscar a fazer isso. Mas eu já pressentia. Foram longas e emocionantes 24 horas.

Enviei uma mensagem para Hunter, e ele tinha um teste esperando por mim em casa quando voltamos para Los Angeles, no dia seguinte. Quando vi o resultado positivo, fiquei em choque, depois empolgada, então preocupada, e revivi esse ciclo de emoções. Mas, quando contei a Ashton, sua reação anulou minhas emoções contraditórias. Ele ficou emocionado.

DEMI MOORE

Seis semanas depois, em Parrot Cay, ele fez o pedido. Disse-me para ir à praia ver o pôr do sol, e então se ajoelhou e me presenteou com um lindo anel Cartier vintage. Fiquei impressionada. Disse a ele que precisava pensar. Não queria que ele se sentisse obrigado a fazer isso só porque eu estava grávida. Mas eu o amava. E sabia que ele me amava. E sabia que esse bebê fortaleceria nossa família, nos uniria no nível mais profundo.

No final da noite, eu aceitei.

Recentemente, vi um vídeo antigo de um episódio do *Late Show with David Letterman* do qual participei. Era de 1994, e eu estava lá para promover o filme *Assédio Sexual*. Letterman disse: "Você teve uma vida incrível! Um conto de fadas." Isso foi logo depois que Tallulah nasceu, e ele falou sobre minhas lindas filhas. "E você é uma mulher bonita", continuou. "Você não poderia ser mais bem-sucedida, tem um marido que está indo bem", brincou, "e todo filme que faz se torna não apenas um bom filme, mas um grande sucesso". Parte disso era, obviamente, uma hipérbole — um anfitrião elogiando sua convidada, para fazê-la se sentir confortável e atraí-la para as câmeras. Mas parte disso era verdade. *Tive* três filhas incríveis. Tinha um marido famoso e bonito que estava realmente indo bem. Muitos dos meus próprios filmes tiveram boas bilheterias. Tive, sem dúvida, sorte além da conta. Mas eu ainda estava cheia de dúvidas e inseguranças. A vida ao meu redor era notável; as mensagens na minha mente ainda eram bem conflitantes. Uma década depois, quando me vi noiva da minha alma gêmea, esperando um filho dele aos 42 anos, me senti, pela primeira vez, a garota mais sortuda do mundo. Finalmente, cheguei a um ponto em que podia absorver toda essa abundância, apreciá-la e desfrutar dela.

Começamos a fazer compras para o quarto do bebê. Minha amiga Soleil Moon Frye — cujo marido era o parceiro de produção de Ashton na época — também estava grávida, e estávamos empolgadas por estar nisso juntas, ter um círculo já formado de amigos que seriam pais.

LIVRO ABERTO

Era uma menina. Nós a chamamos de Chaplin Ray, em homenagem a uma mulher que conheci na Espanha, minha intérprete quando divulguei *Até o Limite da Honra*. Amei o nome e minha nova filha.

A CADA GRAVIDEZ, a mulher tende a parecer maior com mais rapidez e, quando eu estava grávida de Chaplin, fiquei enorme. Nós mantivemos o sigilo, somente Bruce, as meninas e nosso círculo mais próximo sabiam que eu estava grávida. Eu não queria que minha filha caçula viesse ao mundo como inspiração para os tabloides.

E graças a Deus.

Com quase seis meses de gravidez, no momento em que começaríamos a contar a todos, fomos ao consultório médico. Ele fez o ultrassom habitual, mas não havia batimentos cardíacos. Registrei aquele silêncio mortal — em vez do familiar tum-*tum!* tum-*tum!* do coraçãozinho de Chaplin — e vi a expressão no rosto do meu médico.

Se você nunca perdeu um bebê, pode achar que um aborto espontâneo não é nada demais. É difícil lembrar, mas tenho certeza de que também sentia como se fosse um infortúnio médico, um revés decepcionante, mas nada devastador. Mas quando é o *seu* bebê, que você já ama e considera um familiar, a derrota é arrasadora. A sensação é a de que seu filho morreu.

Fiquei acabada. Liguei o modo de sobrevivência. Tentei me permitir chorar, mas era confuso. Como eu poderia lamentar a perda de uma pessoa que nunca esteve no mundo? Eu nem a conhecia. Só sabia que a queria de volta com todas as moléculas do meu ser.

Ashton fez o possível para se solidarizar com a minha dor. Ele me apoiou durante o aborto, mas não conseguia entender o que eu estava sentindo. Primeiro, ele não carregara o bebê. E, segundo, estava *na casa dos 20* na época, não estava nada atrasado para o jogo da paternidade. Suas possibilidades não estavam se esgotando, longe disso. De repente, eu estava ciente de que as minhas estavam. Tive muita sorte de engravidar naturalmente aos 40 e poucos anos. Fiquei aterrorizada com a ideia de que não aconteceria de novo. Eu fracassara, e minha dor parecia não ter fim. Segui o fluxo da vida, mas não sei se de forma plena.

Recentemente, me deparei com uma nota que Tallulah me escreveu na época. Dizia: "Sinto muito por você ter perdido o bebê. Mas ainda estou aqui. E eu te amo."

FOI MINHA CULPA, tinha certeza. Se não tivesse voltado a beber, nunca teria perdido o bebê. Pior ainda, eu estava fumando quando descobri a gravidez, e levei algumas semanas para parar completamente. Eu estava cheia de culpa e convencida de que o que havia acontecido era minha responsabilidade.

Beber foi algo que se entrelaçou à minha dor. *Tive uma experiência devastadora, estou bebendo, tudo bem.* Foi o que eu disse a mim mesma. Mas, em algum lugar dentro de mim, eu sabia que não havia nada de bom no modo como me relacionava com o álcool.

Enquanto isso, Ashton voltara ao seu modo de construção de império. Eu estava sozinha comigo mesma — sem trabalhar, reconsiderando ininterruptamente o que fiz e o que deixei de fazer durante a gravidez que poderia ter causado o aborto.

Mas ainda tinha um vislumbre de esperança. Eu poderia tentar novamente. *Agora que sabemos que queremos, está tudo acertado, vamos continuar!*

Decidimos nos casar. Nosso professor de cabala sugeriu que seria curativo — que aprofundaria nossa conexão, unindo duas almas como uma. Eu me joguei no planejamento do casamento.

LIVRO ABERTO

DESDE O INÍCIO, houve um boato de que nosso relacionamento era só um truque publicitário elaborado. Era ridiculamente difícil para as pessoas acreditarem que uma mulher mais velha e um homem mais jovem poderiam ser felizes no amor — embora ninguém diga nada quando a situação é invertida. (Bruce e sua esposa, por exemplo, têm uma diferença de 23 anos e ninguém nunca deu um pio.) Mas quando Ashton e eu nos casamos, em 24 de setembro de 2005, já tínhamos passado por muitos desafios reais como casal nos dois anos em que namoramos. Não estávamos sendo afobados, pelo contrário. Estávamos comemorando um amor que sobreviveu a suas batalhas.

Foi muito difícil manter nosso casamento em sigilo; tive a ajuda de Hunter e do pai de Ashton, Larry. A lista de convidados era pequena, apenas nossos amigos e familiares mais próximos, e a maioria deles pensava que seria uma festa de inauguração. As reformas em nossa casa na árvore Zen haviam acabado de terminar e fizemos a cerimônia lá, em nossa sala de estar. Foi íntimo e discreto na mesma proporção que meu casamento com Bruce fora grande e exagerado. O pai de Ashton, sua mãe e seu padrasto compareceram, junto com seu irmão gêmeo, Michael; sua irmã mais velha, Tausha; e sua sobrinha, Dakota. Bruce estava lá, com as meninas, é claro, e, representando minha família, George, DeAnna e Morgan. Lucy Liu chegou depois que a cerimônia já estava em andamento e se esgueirou para seu assento com uma expressão de choque e deleite no rosto, com um presente pela inauguração debaixo do braço.

Usei um vestido lindo e simples da Lanvin cor marfim, que meu amigo Alber Elbaz fez magicamente em poucas semanas. Ashton também usava branco, para nossa cerimônia tradicional cabalística sob uma chupá. Andei em torno de Ashton sete vezes para simbolizar o círculo do amor, e ele quebrou um copo com o pé — um lembrete da fragilidade dos relacionamentos. De como pode ser fácil despedaçá-los.

CAPÍTULO 20

Fazíamos tudo juntos. Adorávamos jogos, e um dos nossos favoritos era dominó trem mexicano — começamos a jogar de duas a três noites por semana, e seguíamos as regras da Salma Hayek: o trem de todos deriva da mesma linha central de dominó, e você entra em uma luta acirrada para bloquear seus oponentes. Penelope Cruz e sua colega de quarto, Daya, nos apresentaram o jogo. Heather, Guy, e às vezes Bruce, apareciam, assim como nosso amigo Eric Buterbaugh, que ornamentou as flores de nosso casamento. Tínhamos uma aula semanal de cabala em nossa casa às quartas-feiras. TJ, ex-colega de quarto de Ashton, e o resto da liga de fantasy football nos visitavam aos domingos. Fazíamos jantares em família todas as noites — Ashton organizava sua agenda de acordo com eles. Todos os amigos indo e vindo pareciam parte de nossa família.

Todos os anos, íamos a Parrot Cay no dia seguinte ao Natal. Foi um ritual que comecei com Bruce: pela manhã, acordávamos e esquiáva-mos nas montanhas de Idaho e, em seguida, pegávamos um avião e na-dávamos no mar ao cair da noite. Foi lá que bebi na frente das meninas

DEMI MOORE

pela primeira vez, no bar ao lado da piscina. Pedi uma cerveja. Ashton pediu um coquetel. Eu estava me controlando, atenta à forma como me sentia. E então o amigo que fizemos no bar — Fratboy Phil, como o chamávamos — disse: "Você já bebeu cerveja com canudo?" Fizemos uma competição para ver quem conseguia terminar mais rápido, e venci. Repetimos o processo três vezes. Não me ocorreu que Phil tinha 1,95m e provavelmente três vezes o meu peso. Fiquei alcoolizada. No carrinho de golfe, no caminho de volta para nosso quarto, afundei no banco da frente e Rumer gargalhava me vendo boba. "Ah, mãe, eu te amo", disse ela, ao que respondi, completamente embriagada: "Sinto o mesmo."

Foi engraçado para elas dessa vez. Mas foi perdendo a graça. Sempre tive o cuidado de parecer estável, ponderada e gentil para minhas filhas, mesmo na forma descontraída como as tratava. Quando você bebe, fica mais direto e desinibido — pelo menos, eu fico — e, para elas, em comparação ao modo como agi ao longo de sua infância, parecia mais severa. Era novo, diferente. Elas nunca tinham me visto, ou adultos em geral, farreando. Lembro-me de que, na festa de 16 anos de Rumer, Tallulah ficou aterrorizada porque algumas pessoas estavam bêbadas e isso lhe era tão desconhecido que ela não sabia o que fazer. Mas consegui tranquilizá-la e confortá-la; ainda era sua mesma protetora de sempre, e ela sempre estaria segura comigo.

ASHTON E EU AINDA queríamos ter um filho, e nos divertíamos muito tentando à moda antiga. Mas, depois de alguns meses, incluímos uma pequena inseminação intrauterina, só para garantir. Após um ano, quando não funcionou, passamos para a fertilização *in vitro*.

As doses diárias e as constantes visitas ao consultório médico que a fertilização *in vitro* exige podem fazer até com que uma jovem se sinta desesperada e impotente. Não gostava do nosso primeiro médico,

LIVRO ABERTO

que vivia enfatizando minha idade. Encontramos outro especialista em fertilidade de que gostei muito e me dei muito bem com os hormônios.

Mas, toda vez que menstruava, como prova de que outro ciclo havia começado, eu me sentia revivendo a morte de Chaplin e adentrava um lugar terrivelmente sombrio.

Mantive isso em total segredo. Persisti. Por fora, eu parecia meu eu sempre otimista e prático. Por dentro, estava agonizando.

Em termos lógicos, não havia motivo para eu não conseguir engravidar. Produzia muitos óvulos. Eles estavam sendo fertilizados. Mas simplesmente não acontecia. Devo ter passado por quatro ou cinco ciclos, todos terminando em desgosto. A cada vez, você cria muitas esperanças. Você toma injeções no abdômen e no glúteo dia e noite. Você faz ultrassons frequentes e coleta sangue para descobrir quando está ovulando, quando o revestimento uterino está ideal e assim por diante. Você organiza sua vida inteira para engravidar e, quando descobre que, mais uma vez, não conseguiu, é desgastante. Destrói uma mulher passar anos de sua vida nesse estado.

Em sua defesa, Ashton estava tranquilo em ter um bebê como fosse: poderíamos usar uma barriga de aluguel ou uma doadora de óvulos. Mas meu ego se apegou à ideia de fazer e carregar um filho biológico. Foi o que sempre fiz. Racionalmente, eu sabia que é possível se conectar com um bebê no nível mais profundo sem gerá-lo. Mas, emocionalmente, queria ter essa experiência com Ashton. Assim como eu queria ser a garota despreocupada que bebe socialmente, queria ser a mulher fértil que pode gerar seu próprio filho. Comecei a me preocupar com que talvez tivesse, como os tabloides lembravam ao mundo sempre que podiam, passado da validade.

Durante todo esse período terrível, comecei a descuidar da minha relação com minhas filhas. Obviamente, não as incomodaria com os detalhes da fertilização *in vitro*, não é nada adequado. Mas, para elas, eu me fechei. Em Idaho, elas sentiam que estávamos todos juntos, mas, agora, parecia que Ashton e eu estávamos excluindo-as. Para complicar as coisas ainda mais, elas estavam naquela idade em que se começa a se distanciar dos pais. E, como adolescentes, Rumer e Scout lutavam com os hormônios, enquanto eu estava lotada deles por causa da fertilização.

Por fim, presumi que, independentemente da situação, nosso vínculo era eterno, incondicional. Quando seus filhos deixam de parecer crianças — parecem crescidos e agem de acordo —, pode ser fácil esquecer que eles sempre o verão com olhos infantis. Penso que, perdida na minha dor, negligenciei que elas ainda precisavam de uma mãe.

ASHTON SE PREPARAVA para fazer um filme chamado *Jogando com Prazer*. Ficou claro no roteiro que seria *muito* sexual — até explícito. Jennifer Jason Leigh estava escalada para interpretar a protagonista, e um dia Ashton chegou em casa e me disse: "Jennifer vai ficar constrangida se você for ao set." Ele parecia muito inquieto e me disse o quanto prejudicaria sua carreira desagradá-la, poque era casada com o diretor Noah Baumbach, com um grande filme recém-lançado. "Ainda quero trabalhar com ele", disse Ashton. "Ele pode nunca me escalar por causa disso." Fiquei mortificada. Jennifer e eu tínhamos o mesmo empresário. Liguei para ele, frenética, e disse: "*Por favor*, avise a ela que eu nunca faria nada para atrapalhar o filme e nunca pensaria em incomodar outro ator enquanto trabalha!"

Meu empresário ligou para ela e depois me retornou. "Jennifer não tem absolutamente nenhum problema com nada disso — e nem tinha ideia sobre o que eu estava falando."

Fiquei perplexa. E conversar com Ashton não esclareceu as coisas. Ele alegou que houve uma falha de comunicação, mas a conta não fechava. O ponto principal era que *ela* não se opunha à minha presença; *ele*, sim.

LIVRO ABERTO

Fiquei devastada. Bruce sentia que não era alguém necessário, que eu lhe dava *muito* espaço. Eu estava tentando não repetir esse erro. Pensei que estava sendo solidária com Ashton para o que precisasse — fiquei com ele na Louisiana enquanto filmava *Anjos da Vida*, alguns meses antes, só para apoiá-lo —, mas, de fato, o que ele precisava era de espaço. E não me falou. Ele só conseguiu comunicar o que queria sendo dissimulado.

Ele não foi honesto. Isso era culpa dele. Mas eu o tinha tornado o foco de toda a minha atenção e estava colocando muita pressão. Eu estava me perdendo. E isso era culpa minha.

DIFERENTE DO QUE as pessoas pensam dos adictos — que você toma um drinque e tudo desaba —, no meu caso, essa situação era uma espiral gradativa. O declínio do meu senso de confiança só refletia meu abuso de substâncias.

Meu agente recomendou alugar a casa de Joe Francis, em Puerto Vallarta, para meu aniversário de 45 anos. É um lugar incrível, que funciona como um hotel seis estrelas. (Há um botão "o que quiser" no telefone.) Ashton e eu fretamos um avião e levamos alguns amigos para passar o fim de semana.

Todo mundo estava se divertindo e ficando desinibido. Fizemos um jantar enorme na longa mesa de banquete. Os garçons chegavam com bandejas de doses de tequila, e as pessoas subiam na mesa e desfilavam nela — nosso amigo Eric fez isso trajando apenas a cueca e botas de bico fino.

Mas, quando você não tem um botão de desligar, excede os limites. Tarde da noite, todos acabamos na banheira de hidromassagem, e desmaiei, deslizando para debaixo da água. Se não houvesse outras pessoas lá, eu teria me afogado.

DEMI MOORE

Ashton me carregou de volta para a nossa cama e ficou furioso. Até certo ponto, entendo a reação dele. Se tivesse sido a primeira vez que algo assim acontecesse, seria uma coisa, mas não foi.

Mas também era confuso. Ashton havia me encorajado a seguir nessa direção. Quando fui longe demais, ele me contou como se sentia me mostrando uma foto que tirou de mim dormindo em cima do vaso sanitário, na noite anterior. Soou como uma piada sem maldade na época. Mas não passava de humilhação.

FIZ UMA CIRURGIA odontológica. Saí com uma receita para Vicodin. Tomava quando precisava, quando estava com muita dor. No início. Então, às vezes, quando não sentia tanta dor, pensava: *Hmm, e se eu tomar só metade?* Também tinha dores nas costas e consegui outra receita para lidar com ela. Inicialmente, o medicamento a reduziu, tornou a vida um pouco mais fácil. Enquanto o álcool parecia arriscado — eu nunca sabia o que era demais —, com os comprimidos, eu estava no controle. Eles me davam energia para fazer as coisas. Com o tempo, porém, pararam de ter o mesmo efeito, e eu precisava de mais e mais para me sentir como queria. Cheguei ao ponto de tomar doze por dia.

Parei depois de um susto que levei em um final de semana, quando toda a família estava reunida e perdi a noção de quantos comprimidos havia tomado. De repente, senti falta de ar.

Não contei a ninguém. Mas, no dia seguinte, conversei com Ashton sobre o assunto e ele me perguntou se eu precisava de ajuda. Eu disse a ele que cuidaria disso sozinha — e foi o que fiz.

Ele estava na Europa na semana seguinte, e as meninas estavam com o pai. Usei esse tempo para me desintoxicar. Foi uma das coisas mais difíceis que já fiz em toda a minha vida. Sair dos opiáceos é uma agonia — é inimaginavelmente excruciante. Você não consegue dormir, porque seu corpo dói demais. Só ir ao banheiro é um esforço

LIVRO ABERTO

hercúleo. Todo o seu corpo grita: "Estou morrendo. Se tomasse *um pouco*, toda essa dor desapareceria!" É como a pior gripe que você já teve vezes cem. Aquela semana me destruiu.

Quando Ashton voltou para casa, senti como se tivesse sobrevivido a uma guerra. Ele não me ofereceu nenhum apoio nem compaixão. Parecia que estava com raiva de mim por ter esse problema. Sua atitude era algo como: você procurou isso, agora aguenta.

CAPÍTULO 21

Ashton estava cada vez menos presente, focado em outras coisas: o trabalho, o crescente envolvimento no mundo da tecnologia, a liga de fantasy football. Ele não poderia ter deixado mais claro que suas atividades eram importantes — e não o culpo por isso. Mas eu gostaria de ter me valorizado da mesma maneira.

Em vez disso, fiz vários malabarismos para me ajustar ao molde do que ele queria que sua esposa fosse, coloquei-o em primeiro lugar. Ele não me pediu isso. Foi só o que fiz — o que aprendi com minha mãe e com a mãe dela. Queria que esse casamento funcionasse, e estava disposta a fazer o que fosse necessário para superar tudo. Então, quando ele expressou a fantasia de trazer uma terceira pessoa para a nossa cama, acatei. Queria mostrar como eu era descolada e desprendida.

Ter outras pessoas em nosso casamento trazia uma sensação de poder totalmente falsa e um tesão fugaz. Abrimos nossa relação para duas pessoas, que não tinham más intenções; elas respeitaram nosso espaço. Até hoje, sei que poderia criar uma amizade com qualquer uma delas; uma agora é casada e tem um filho. Elas eram pessoas boas, mas ainda assim foi um erro. Parte do objetivo da monogamia é

DEMI MOORE

a energia de alguém fazer um sacrifício ou escolha por *você*, para que, assim, você mantenha esse lugar especial que ninguém mais pode ter. Assim que outra pessoa entra no jogo, você perde essa posição sagrada.

ESTAVA EM NOVA YORK filmando *Bastidores de um Casamento* com Ellen Barkin quando tudo degringolou. Ashton dormiu com uma mulher de 21 anos, em nossa casa, enquanto eu estava fora da cidade.

Lembro-me da noite em que eles se conheceram. Estávamos em uma pista de boliche com Rumer, e, quando ele foi trocar de sapatos, ela lhe deu seu número em um guardanapo. Ou foi o que ele me disse na época. Quando chegamos em casa naquela noite e ele me mostrou, falei: "Isso é *podre*. Estávamos lá com a minha filha, e ela, com a mãe e a irmã!" Tive uma reação visceral — foi repulsa. Portanto, o fato de ele procurá-la era um legítimo "foda-se".

De repente, sua infidelidade estava por todo o circuito de fofocas de celebridades — a jovem até tentou vender um suéter dele no eBay por US$500.

Quando a notícia foi divulgada na imprensa, já tínhamos um evento da Clinton Global Initiative programado, para lançar nossa fundação de combate ao tráfico de pessoas. Investimos mais de um ano pesquisando o problema e configurando a infraestrutura. Ashton tem uma noção incrível do quadro geral; para mim, é claro, a questão era pessoal. Não havia como adiar esse evento.

Entrei no modo de negação. Eu sabia que minha reação seria a referência para a recepção das reportagens nos tabloides. Se tivéssemos uma frente unida, talvez eles descartassem todo o incidente como um simples abalo. Talvez a melhor opção fosse simplesmente absorver o que havia acontecido e ignorar.

Então, ele foi para Nova York; adotei uma expressão de coragem, e nos apresentamos em 23 de setembro de 2010 — um dia antes do nosso aniversário. Ashton falou que há mais escravos agora do que em qualquer outro momento da história e detalhou nossos esforços para impedir que o Twitter e outras plataformas sejam usadas como mercado de seres humanos. Falei sobre a campanha "Real Men Don't Buy Girls" [Homens de Verdade Não Compram Meninas, em tradução livre], que lançamos para tentar alterar a cultura que permite que os homens se sintam bem em pagar por sexo com menores de idade. "Um em cada cinco homens se envolveu no comércio sexual", anunciei naquela sala cheia de pessoas importantes, ao lado do homem que era meu marido há cinco anos e me traíra com uma garota da idade da minha filha mais velha. "Homens de verdade protegem, respeitam, amam e cuidam de meninas." Mas não me sentia protegida, respeitada, amada e cuidada.

Rumer, que havia se mudado e trabalhava como atriz, chegou com Ashton, o que havíamos planejado muito antes do ocorrido, e então nós três fomos a Providence, Rhode Island, visitar Scout, que havia entrado na Universidade Brown. Senti que não deveríamos mentir para elas — e, teoricamente, não o fiz —, mas permiti que deduzissem que os boatos nos tabloides não tinham fundamento. Minha intenção era protegê-las, mas vejo que foi um erro. Eu *as* impedi de processar esse transtorno comigo, em família. Elas mereciam saber a verdade.

Ashton e eu decidimos voltar para Los Angeles para ficarmos juntos, sozinhos. Fui invadida pela vergonha. Sentia que tudo isso era, de alguma forma, culpa minha. Como trouxemos uma terceira pessoa para o nosso relacionamento, disse Ashton, os limites ficaram confusos, e, em certa medida, justificou o que ele havia feito. Acho que ele sentiu remorso, mas também estava procurando uma maneira de desviar a culpa, de manter sua percepção de si mesmo como um homem decente de família.

Ashton não compensou seu comportamento sendo solícito e gentil. Em retrospecto, acho que foi a forma que encontrou de tentar sair do casamento. Ele não sabia como fazer isso de uma maneira amigável, ou talvez estivesse em conflito. Acho que parte dele apreciava o que tínhamos; parte dele mal podia esperar para seguir em frente. Você não pode culpar alguém por não ter o preparo ou o nível de consciência necessário para agir com empatia. Ele fez o melhor que pôde. Todas as suas ações diziam: *Por favor, não me ame.* Mas, infelizmente para nós dois, eu o amava.

TALLULAH, MINHA ÚNICA FILHA que ainda morava conosco, tinha acabado de fazer 17 anos e estava passando por uma fase rebelde, típica da idade. Certa noite, na primavera de 2011, ela disse que encontraria alguns amigos a fim de estudar para o vestibular, e eu fui ao cinema. Meu telefone começou a tocar no meio do filme, era outro pai que eu conhecia. Tallulah e algumas de suas amigas foram presas por beberem sendo menores de idade. Elas estavam a caminho da casa de um amigo com uma garrafa de água cheia de vodka; já havia passado o toque de recolher naquela área e elas chamaram a atenção da polícia. Eu precisava ir buscá-la na delegacia de Hollywood.

Quando cheguei lá, fui direto ao policial encarregado e disse: "Olha, isso é obviamente problemático, mas elas não têm antecedentes. Elas podem sair com uma notificação e garantiremos que isso nunca aconteça novamente?" A resposta dele foi: "Sairá do registro dela quando ela completar 18 anos." Mas nunca sairia de seu "registro" aos olhos do público da mesma maneira que aconteceria com suas amigas. Ela estaria para sempre associada a esse incidente. Potenciais empregadores veriam na primeira vez que a pesquisassem no Google. Digo às minhas filhas há anos: não importa com quem vocês estiverem ou quais forem as circunstâncias. Sempre será publicado na imprensa como "Tallulah Willis, presa". Por causa de quem são seus pais, vocês serão submetidas a um tipo diferente de julgamento em comparação a seus colegas. Qualquer erro que cometerem se tornará notícia. E foi exatamente o que aconteceu com o incidente da bebida. Estava tudo no *TMZ* no dia seguinte — exatamente como eu temia.

LIVRO ABERTO

Não abracei Tallulah quando a vi pela primeira vez na delegacia, e talvez eu deveria. Fiquei chateada por ela ter mentido sobre onde estaria naquela noite e estava concentrada em tentar convencer os policiais a manterem o sigilo. Eu estava tentando protegê-la. Ela interpretou isso como se eu só me importasse com as aparências.

Adolescentes fazem coisas estúpidas. Mas o que percebi foi que a forma como lidamos com o incidente afetaria seu uso de drogas e álcool no futuro. Fui um pouco dura com ela. Bruce não estava lá naquele fim de semana. Ashton estava fora também. Eu era a única presente e tive que viajar para um evento de caridade em Nova York dois dias depois.

Em retrospecto, vejo que eu não deveria ter ido. Deveria ter ficado e resolvido o que acontecera com Tallulah. Mas eu fui, e ela ficou com Emma, que se casara com Bruce alguns anos antes. Quando voltei, cheguei em casa e havia um bilhete de Tallulah dizendo que não queria voltar *nunca mais* e que não falaria comigo.

Ela era adolescente, ultrapassando limites, descobrindo como se safar. Isso é normal. Mas não era nada normal o fato de que, a partir desse momento, todos na família estivessem do lado dela. De repente, Scout também não queria falar comigo. Misteriosamente, ela também "precisava de espaço". Bruce se recusou a discutir a situação comigo ou a negociar uma maneira apropriada de abordar o que havia acontecido com Tallulah. *Eu* estava sendo tratada como se tivesse sido a pessoa resgatada da delegacia em Hollywood! Foi desconcertante.

Claro, todo mundo tinha sua razão. Scout queria autonomia, crescer, começar uma nova vida na faculdade, e acho que isso parecia uma oportunidade de afirmar sua independência. Bruce estava começando uma nova vida com Emma e não tinha disposição para lidar com a antiga. Tallulah estava com raiva de ter que ouvir o que fazer. Ela era apenas uma criança, mas sua opinião se tornou a de todos: que eu era a culpada pelo abismo cada vez maior que havia entre nós.

DEMI MOORE

Acho que o motivo real da raiva das meninas foi eu ter me tornado muito dependente de Ashton — eu era viciada nele, esta é a melhor forma de dizer. E fazia tudo o que um viciado faz. Priorizei meu vício em detrimento das minhas necessidades e as da minha família. Usei justificativas duvidosas e pouco convincentes para o meu comportamento — e para o dele. Mantive a família unida como um pilar, e o pilar estava desmoronando.

Duas de minhas filhas pararem de falar comigo era algo novo, sem precedentes e horrível. Ameaçava aquilo de que mais me orgulhava, ser mãe. E eu sentia muita falta delas. Ashton estava bravo, achava que eu comprometera a relação dele com as meninas. Mas ainda parecia se esforçar muito para me apoiar. Ele me enviou um e-mail bonito e tranquilizador naquele verão, dizendo que se sentia o homem mais sortudo do mundo, que, quando Deus me fez, criou um porto seguro para ele.

A escorregada de Ashton com aquela garota foi um grande alerta. Durante o ano que passou, eu tentei consertar as coisas — fazia o máximo para resolver qualquer problema que ele levantasse. Eu não bebia há dez meses. Focava mais meus próprios projetos. Estava produzindo um programa. Tinha um filme maravilhoso, *Margin Call*, previsto para o outono, e minha estreia na direção de TV estava programada para ir ao ar no mesmo mês. Enquanto isso, Ashton iniciava uma nova série de comédia, *Dois Homens e Meio*, que aliviou parte de sua ansiedade financeira após a crise de 2008. (Ele substituiu Charlie Sheen e atuou com Jon Cryer. Mundo pequeno.) Eu acreditava que estávamos nos dedicando a proteger o que tínhamos.

Eu ainda estava desesperada para ter um filho com ele. Finalmente, superei o enorme obstáculo da minha resistência em usar uma doadora de óvulos. Comecei a vasculhar as listas da agência para encontrar alguém compatível, compartilhando as opções mais promissoras com Ashton e ouvindo suas opiniões. Estávamos em Idaho para o feriado de 4 de julho quando encontrei uma doadora perfeita. Mostrei a foto dela a Ashton. Ele disse que deveríamos ir em frente.

LIVRO ABERTO

Isso foi na terça-feira. Na quinta-feira, começamos a preencher a papelada. No domingo, estávamos caminhando à beira do rio quando Ashton me disse: "Acho que não posso fazer isso e não sei se está funcionando."

Senti como se o chão tivesse sumido. Perguntei por que ele me deixou pesquisar uma doadora, passar por esse processo doloroso e prolongado e ficar vulnerável dessa maneira, se não estava disposto. A resposta dele foi simples: "Nunca pensei que você iria adiante."

NO DIA SEGUINTE, fui a Nova York trabalhar. Eu estava produzindo uma série de entrevistas chamada *The Conversation*, apresentada por minha amiga Amanda de Cadenet. Escalei Lady Gaga, Alicia Keys e Donna Karan, entre outras, e eu precisava estar lá. Eu estava paralisada. Esperando Ashton entrar em contato e consertar a situação.

Voei de volta para Los Angeles uma semana depois; nós não havíamos nos falado. Quando cheguei em casa, ele estava em uma sessão da nossa aula semanal de cabala. Olhei para Ashton e senti um calafrio percorrer meu corpo. Seus olhos estavam gelados, mortos. Era como se estivesse vendo a pessoa mais fria que já encontrei — nada do homem por quem me apaixonei anos antes. E, sem dúvida, não era o olhar de alguém que *me* amava.

Naquela noite, ele disse: "Acho que é melhor eu me mudar."

"Epa, epa, EPA!", foi tudo o que consegui dizer. "Somos *casados*. Não é assim que funciona. Como passamos de alguns problemas que precisamos resolver para 'Estou me mudando'?" Eu sentia que ele escondia algo. Estava desesperada. "Precisamos conversar com alguém", insisti.

E fizemos isso. Mas já não importava. Ele não queria melhorar nosso relacionamento. Não queria nem mais transar ou qualquer contato físico. Ele estava farto. *Eu* ainda estava muito conectada ao nosso casamento, mas estava sozinha agora. Ainda tentava compreender alguém que duas semanas antes me enviara um e-mail dizendo que era o homem mais sortudo do mundo. Ansiava por entender a situação — se fizesse sentido, eu acataria, se fosse a coisa certa, mas como saber? Era tudo muito confuso. Disse a ele que não achava que deveria se mudar, que queria que superássemos. Concordamos em manter entre nós, não ficar com mais ninguém até resolvermos isso de alguma forma.

Estava chegando nosso sexto aniversário. Danny Masterson faria uma despedida de solteiro no mesmo fim de semana, e Ashton disse que queria ir a San Diego para participar. Ele foi e, quando voltou, no dia seguinte, disse que se divertiu muito. Para comemorar nosso aniversário, me levou ao lugar em que tivemos nosso primeiro encontro, aquele terreno que ele comprou e que guardava muitas de suas fantasias. O clima estava pesado, senti que havia algo que ele não estava me dizendo. Isso foi me deixando louca.

No dia seguinte, tive que voltar para Nova York para divulgar um projeto do qual realmente me orgulhava. Era uma minissérie da Lifetime chamada *Five*, composta de cinco curtas-metragens que contavam histórias sobre o câncer de mama em diferentes épocas e lugares, dirigidos por cinco mulheres. Eu fui uma delas. Minha história se passava no início dos anos 1960, em uma época em que as pessoas nem sequer pronunciavam a palavra *mama* em público, portanto a conscientização do câncer de mama era um grande problema. Uma das partes mais gratificantes da experiência foi dirigir uma garotinha e contar a história com precisão do seu ponto de vista. No primeiro dia de filmagem, Ashton me enviou um lindo buquê no set, lindas flores azuis com um cartão que dizia: "Eu acredito em você." Eu não conseguia parar de pensar nessas flores no voo para Nova York.

Eu estava no Crosby Hotel, prestes a arrumar meu cabelo e maquiagem para a estreia daquela noite, quando recebi um alerta do Google no telefone. "Traição de Ashton Kutcher" passou pela minha tela. No começo, presumi que fosse mais uma matéria sobre o incidente do

LIVRO ABERTO

ano anterior, que um dos tabloides acabara de encontrar uma nova maneira de vender. Mas, quando cliquei no link, percebi que era recente. Era sobre o fim de semana do nosso aniversário, a noite em que ele estava em San Diego na despedida de solteiro. Havia citações de uma jovem loira repetindo as frases de Ashton. Senti vontade de vomitar. Eu conhecia aquelas palavras. Sabia que ela não estava mentindo. "Você não é casado?", disse que perguntou a ele. Ao que ele respondeu que estava separado. Depois passou a noite com ela, levantou-se e voltou para casa para comemorar seu aniversário de casamento com a esposa.

"Porra, você tá brincando com a minha cara?!", foi o que saiu da minha boca quando ele atendeu ao telefone. O que eu quis dizer foi: Você precisa ser tão imbecil? Você *quer* ser pego? (A verdade é que sim, inconscientemente, ele queria.) E *eu*? Você tinha que me colocar nessa situação *de novo*? Você não poderia pelo menos ter me traído discretamente — me destruir *em segredo*, sem me expor à humilhação pública?

Ele admitiu imediatamente. Então tive que desligar e andar pelo tapete vermelho, rezando a cada passo para que a informação ainda não tivesse sido amplamente divulgada, para que ninguém colocasse um microfone na minha cara e perguntasse como eu me sentia com o fato de meu marido, de seis anos de relacionamento, ter fodido uma garota de 21 anos com quem estava em uma banheira de hidromassagem no fim de semana do nosso aniversário. Achei que ia vomitar.

Uma semana após meu aniversário de 49 anos, em 11/11/11, Ashton se mudou. A declaração que dei por meio do meu assessor de imprensa foi breve, mas definia perfeitamente meus sentimentos: "É com grande tristeza e coração pesado que decidi terminar meu casamento de seis anos com Ashton. Como mulher, mãe e esposa, há certos valores e votos que considero sagrados e, me mantendo leal a eles, escolhi seguir em frente com a minha vida."

CAPÍTULO 22

Eu não conseguia comer. Sequei até chegar a 43kg, esquelética. Comecei a ter dores de cabeça que me cegavam. Meu corpo doía por toda parte e, dentro dele, meu coração estava partido. Quis desistir.

Tudo o que eu conseguia pensar era: *Como cheguei até aqui?*

Saí com Rumer no Natal. Não estava em um bom momento e me comportei mal. Um de seus amigos estava conosco, e exagerei no flerte, da maneira triste como às vezes as mulheres agem quando querem validação.

Comecei a usar mal a medicação para enxaqueca — nada absurdo, mas estava me perdendo, tentando me livrar da dor.

Encontrei uma saída.

Naquela festa na minha sala de estar em janeiro de 2012, não fiz nada além do que os outros estavam fazendo — Rumer, alguns amigos dela, alguns amigos meus. Inalei um pouco de óxido nitroso. Fumei um pouco de maconha orgânica. Não era como se eu perdesse o controle

DEMI MOORE

a ponto de ter uma overdose. Apenas tive uma reação estranha, uma convulsão, o que aparentemente não é tão incomum quando as pessoas usam óxido nitroso ou "cápsulas de N_2O", a versão caseira do gás do riso que alguns dentistas usam.

Mas, em um nível mais profundo, eu consideraria usar drogas com minha filha se estivesse em meu perfeito juízo? Claro que não. Assustei Rumer quando ela me viu lá, semiconsciente no chão. Ela pensou que eu morreria na frente dela. Ficou apavorada e, após aquela noite, uniu-se às irmãs mais novas, recusando-se a falar comigo.

Essa foi a pior parte, sem dúvida. Pior do que meus amigos ligando para a emergência antes que eu pudesse me sentar e gritar: "Não!" Pior do que todas as manchetes dos tabloides anunciando "Demi Moore foi levada às pressas para o hospital!" Pior do que saber que Ashton veria isso. Pior do que meu coração partido. Ser mãe era a única coisa em que eu tinha certeza de que realmente era "bem-sucedida" na vida, mas quão bem-sucedida eu era se nenhuma das minhas filhas falava comigo?

Como cheguei até aqui?

Senti que minha família me considerava uma vilã. Fiquei com raiva porque minhas meninas não mostravam nenhuma compaixão e Bruce se recusava a interceder. E fiquei com vergonha de me colocar nessa posição. Todos eles queriam que eu fosse para a reabilitação, o que me pareceu absurdo. Apareceria na reabilitação e diria: "Meu nome é Demi, não bebo e uma vez inalei óxido nitroso"? Eu sabia que o verdadeiro problema não eram drogas nem álcool.

Eu me sentia tão perdida que acordava e pensava: *Não sei que porra fazer — como vou passar esse dia?* Sentia tanta dor, física e emocional, que mal conseguia agir. Eu raramente saía de casa, exceto para levar os cães para passear. Esse sentimento de estar alheia a todas as necessidades dessas pessoas e do meu papel de protetora era insuportável. Não havia muita coisa acontecendo na minha carreira e, mesmo que houvesse, estava muito doente para trabalhar. Eu não tinha escolha a não ser ficar comigo mesma, e eu odiava.

Isso é a vida? Porque, se é isso, a minha acabou.

Eu sabia que tinha uma escolha: poderia morrer sozinha, como meu pai, ou *realmente* questionar: *Como cheguei até aqui?* E ter a coragem de enfrentar as respostas.

COMO CHEGUEI até aqui?

Cheguei até aqui porque tive uma avó que se submetia a um marido mulherengo, sedutor, bonito e carismático, e ela sentia que não tinha escolha a não ser tolerá-lo, porque se casou. Ela não tinha educação nem independência para se libertar, então acatava e ensinou as filhas a fazerem o mesmo.

Cheguei até aqui porque tive uma mãe que se casou com o homem de sua vida, mas depois ambos viveram em um estado de total disfunção de amor e ódio até que ele cometeu suicídio. Minha mãe continuou a escolher homens que eram cada vez mais abusivos com ela e, quando morreu, nunca havia experimentado a paz.

Cheguei até aqui porque sou o produto de um jogo de poder da minha mãe para controlar meu pai. Eles faziam sempre o mesmo quando se viam em apuros: mentiam. Vim a este mundo já envolta em segredo, a filha do homem errado. Não me lembro de uma época em que não tenha me preocupado: *Tudo bem eu estar aqui?* Não. Eu era uma complicação. Passei décadas me justificando, pensando que, se me esforçasse, talvez pudesse conquistar o direito de estar onde quer que fosse.

Cheguei até aqui porque nenhum dos meus pais tinha idade ou sabedoria suficiente para cuidar do meu irmão e de mim da maneira que todas as crianças *têm direito* a serem cuidadas. Eles nos amavam. Mas não foram capazes de colocar nossas necessidades em primeiro lugar.

DEMI MOORE

Não sabiam como nos proteger do perigo e nos colocavam em situações arriscadas repetidas vezes.

Cheguei até aqui porque não aguentava enfrentar a pergunta: "Como é ser prostituída pela própria mãe por US$500?"

Cheguei até aqui como resposta à vertiginosa insegurança e às constantes mudanças na infância, que me tornaram resistente e adaptável. Passei uma parte tão grande da minha vida me acomodando e me adaptando a novos ambientes — escolas, pessoas, diretores, expectativas — que fazer ajustes com base em como *eu* sou ou no que *eu* preciso era inconcebível. Nunca aprendi. Acho que existir em um estado de desconfiança me fez não saber *estar* no mundo — na vida — de maneira confortável. E, portanto, era muito raro eu estar totalmente presente.

Cheguei até aqui porque tentei ser diferente da minha mãe, cuidando de todos, menos de mim. Eu me transformei e me esforcei para ser a mãe de que minhas meninas precisavam, a esposa que Bruce e depois Ashton queriam — mas do que *eu* precisava? O que *eu* queria? Não era trabalho de ninguém, exceto meu, descobrir e exigir isso. E não era trabalho de mais ninguém me convencer de que eu merecia.

Cheguei até aqui porque, quando conheci o homem dos meus sonhos, ficar perto dele se tornou meu vício. Ashton parecia a resposta às minhas preces. Mas, quando nos conhecemos, eu tinha a experiência e a preparação para realmente me comprometer. Ele ainda estava na jornada — descobrindo quem era. O que eu não levei totalmente em consideração (e quem levaria?) quando Ashton e eu nos apaixonamos foi que o que era mágico para mim e o que era mágico para ele pode não ter sido a mesma coisa. Senti conexão, comunhão. Ele estava saindo de um avião particular pela primeira vez e entrando na minha casa, na minha família, que eu criara há muito tempo. Além disso, realizei trabalhos renomados na mesma área que ele aspirava conquistar. Eu tinha 40 anos e um passado significativo, com ex-marido e três filhas, e a vida adulta de Ashton estava apenas começando — tanto a pessoal quanto a profissional. Não percebi todos esses aspectos porque fazia parte deles. Eu me sentia como uma garota de 15 anos esperando que alguém gostasse de mim — emoções que, se eu tivesse tido uma educação mais segura e saudável, poderia ter vivenciado quando *tinha* 15 anos.

Cheguei até aqui porque escolhi homens com as mesmas características do meu pai e do meu avô, e me revirei tentando agradá-los.

Cheguei até aqui porque nunca lidei com toda a rejeição e o desprezo que surgiram ao longo da minha carreira — não podia arriscar o que isso acarretaria. Seria muito assustador, um reforço de um sentimento muito profundo dentro de mim de que algum dia, de alguma forma, haveria algum tipo de epifania geral, na qual todos concordariam: Que porra *ela* está fazendo aqui? Ela não pode estar aqui. Ela não é boa o suficiente. Ela é suja. Tirem ela daqui. Tirem ela *agora*.

Cheguei até aqui, porque, desde o primeiro dia, não parei de pensar: *Tudo bem eu estar aqui?*

E, finalmente, chegou a hora de eu dizer para *mim mesma*: sim.

FIZ TRATAMENTO. Mas para o trauma que eu nunca havia enfrentado e para a codependência resultante dele. Meus erros na festa foram os sintomas, não a doença. Minha saúde física estava se deteriorando: era a última coisa que eu tinha e, quando começou a desaparecer, eu não tive escolha a não ser parar e aprender, pela primeira vez, a digerir. Trabalhei com um médico, avaliando minha vida, um pedaço por vez, dividindo-a, para conseguir metabolizar tudo o que havia acontecido.

Minhas filhas me deram um ultimato: não falaremos com você a menos que vá à reabilitação. Mas eu fui, e elas não apareceram. Eu disse a elas o quão importante era comparecerem à semana da família — não apenas para mim, mas para todos nós. Elas recusaram.

DEMI MOORE

Após concluir o programa, entrei em contato repetidas vezes, oferecendo-me para encontrá-las onde fosse mais confortável — com um terapeuta, o que fosse. Fui rejeitada e ignorada. Eu não conseguia entender o que eu havia feito de tão terrível para que me desprezassem sem nem sequer conversar. Porém, tive que acabar desistindo. Se não ter um relacionamento comigo era o melhor para minhas meninas, eu aceitaria isso, mesmo que fosse a última coisa que quisesse. Eu tinha que confiar que trabalhar em mim mesma era a coisa mais curativa que poderia fazer por elas. Demorou três anos até que voltássemos a nos relacionar.

Isso me machucou e me enfureceu, mas aquele tempo apenas comigo foi incrivelmente fortalecedor; me deu a chance de aprender o que a vida é como *apenas eu*: não como mãe ou filha. Não como esposa ou namorada. Não como símbolo sexual ou atriz. Parece que deveria ser automático viver como você mesmo. Mas, vindo de onde vim, ser eu não era aceitável nem no dia em que nasci.

Aguentei não receber nenhuma ligação no Natal, no meu aniversário de 50 anos nem no dia das mães. Nenhum e-mail. Nada. Nenhuma mínima menção. Quando não tinha mais nada a perder, finalmente pude respirar, abandonar a tensão. Não acho que meu instinto de proteger me daria espaço para me curar se minha família estivesse ao meu redor. Talvez eu precisasse ficar sozinha para fazê-lo e, sem saber, eles me deram essa oportunidade. Tive que me concentrar em me cuidar: obter ajuda para meus problemas autoimunes, que acabaram se agravando, receber tratamento para os traumas que escondi no fundo da minha mente, onde começaram a apodrecer.

Um dos medos que todos temos é de ficar sozinhos. Aprender que fico bem comigo foi um grande presente que pude me dar. Passar um tempo sozinha pode não ter sido exatamente o que eu queria, mas eu estava bem. Não estava com medo. Não precisava me apressar para preencher o espaço. Havia um aspecto daquele tempo de isolamento que era *para* minha cura — e foi assim que experimentei analisar as coisas de modo geral. E se tudo não tivesse acontecido comigo, mas *para* mim? O que aprendi é que a forma como mantemos nossas experiências é tudo.

Aprendi isso antes. Quando minha mãe estava morrendo, encontrei uma maneira de mudar a forma como mantinha nossa relação. Passei anos encarando-a com raiva e anseio: *Por que você não me amou o suficiente para ser melhor?* Consegui passar à compaixão, e essa transição me libertou. Assumir a responsabilidade por sua própria reação é a entrada para a liberdade.

Aprendi isso com minha mãe, com certeza. Mas isso não significava que aplicar a lição novamente seria fácil. Algumas coisas parecem muito dolorosas para ser reformuladas. Mas considerar uma dificuldade em engravidar, por exemplo, se eu conseguiria ou não, seria irrelevante: é o julgamento que fiz contra mim que foi tão prejudicial. Se mantenho isso como: *Sou um fracasso como mulher,* é claro que vai me destruir. E se eu encarar isso de forma diferente? E se fosse melhor assim, não estar vinculada a Ashton por uma criança? Quando abri minha mente para essa possibilidade, consegui aceitá-la pacificamente.

Isso não significa que agora eu seja Santa Demi e não sinta dor. Significa apenas que posso finalmente admitir que tenho pontos fracos e necessidades, e que *não há problema em pedir ajuda.* Não consigo consertar tudo. Posso sentir tristeza, insegurança e dor, e sei que esses são apenas sentimentos, e, como tudo na vida, eles passarão.

NÃO HAVIA UMA maneira mais fácil de aprender tudo isso? Eu não poderia ter chegado a este lugar sem Ashton ir embora, minhas filhas não falarem comigo *e* minha saúde se deteriorar? Obviamente, não. Qualquer uma dessas coisas teria sido suficiente para a maioria das pessoas parar e dizer: "Preciso me avaliar", mas, para mim, foi preciso o extremo de perder meu marido, nosso bebê, minha fertilidade, minhas filhas, minha amizade com seu pai e não ter uma carreira atrás

DEMI MOORE

da qual me esconder. Graças a Deus não foi preciso perder minha casa também.

As coisas acontecem na vida para chamar nossa atenção — nos fazer acordar. Isso significa que tive que perder muito antes de me destruir o suficiente para me reconstruir? Acho que significa que o que me trouxe até aqui, essa incrível resistência, foi o que quase me arruinou. Cheguei a um lugar em que não conseguia mais apenas me esforçar. Eu só poderia me dobrar ou me quebrar.

Cheguei até aqui porque precisava *de tudo isso* para me tornar quem sou agora. Mantive tantas ideias erradas sobre mim, toda a minha vida. Que eu não tinha valor. Que não merecia estar em qualquer lugar bom — em um relacionamento amoroso, sob as minhas próprias condições, ou em um ótimo filme com atores que eu respeitava, que sabiam o que faziam. A narrativa em que eu acreditava dizia que eu era indigna e contaminada. E não era verdade.

Há duas razões pelas quais eu queria contar esta história — a história de como ressignifiquei a submissão. Primeira: porque é *minha*. Ela não pertence aos tabloides ou à minha mãe, ou aos homens com quem me casei, ou às pessoas que amaram ou odiaram meus filmes, ou até às minhas filhas. Minha história é só minha. Eu sou a única que vivi tudo isso e decidi reivindicar o poder de contá-la nos meus próprios termos.

A segunda razão é que, embora seja minha, talvez uma parte desta história também seja sua. Tive uma sorte extraordinária nesta vida: que é uma bênção e uma maldição. Escrever tudo isso me faz perceber o quanto muito desse relato foi insano, improvável. Mas todos nós sofremos, todos triunfamos, e todos escolhemos como mantemos os dois.

EPÍLOGO

Concordo com Paulo Coelho: O Universo conspira para lhe dar tudo o que você deseja, mas nem sempre da maneira que espera.

O Natal é meu feriado favorito, e sempre o comemoro com uma importância significativa. Tento usá-lo como um lembrete para brincar, para ser criança, para abrir espaço para a magia e a alegria das doações atenciosas. Sei que minha mãe sempre quis tornar essa data especial para Morgan e para mim quando éramos crianças. Ela não era capaz de fazê-lo de forma eficaz, mas conseguiu manter um ritual, e eu o adotei: todo mundo abre um presente na véspera de Natal — e sempre faço pijamas engraçados combinando. (Este ano foram macacões estampados de rena.) Sinto que sou capaz de realizar o que Ginny começou, mas não conseguiu terminar.

Quando minhas filhas não estavam falando comigo, pela primeira vez *senti* o que Ginny deve ter sentido quando a excluí da minha vida. Como eu poderia esperar que elas tivessem compaixão por mim quando, por tantos anos, eu não tive pela minha mãe? Ao curar completamente o relacionamento com minha mãe em meu coração, abri caminho para uma profundidade de amor e proximidade com Rumer, Scout e Tallulah que está além do que eu pensava ser possível. Fomos capazes de deixar de lado as percepções errôneas e os julgamentos que nos aprisionavam. Sempre tive a meta de que, como adultas, minhas

DEMI MOORE

filhas não convivessem comigo por obrigação — que, se estivessem comigo, fosse porque não houvesse outro lugar no qual preferissem estar. Todas as minhas três filhas ficaram aqui, em Idaho, durante este inverno.

Éramos uma turma desorganizada. Tenho uma família peluda de oito cães e um gato; além disso, Rumer trouxe seu gato e seus dois cães; Scout e Tallulah trouxeram um cachorro; e meu amigo Eric Buterbaugh, também. Eric é meu marido gay — pode não ser romântico, mas é um casamento repleto de amor. Tenho alguém leal a mim e a minhas filhas, não importa para o quê, e que compartilha minha paixão por roupas e design. Não há mais ninguém em quem eu possa confiar para arrumar a mesa. Tenho uma coleção incompatível de pratos de recordação e, de alguma forma, ele sempre encontra uma maneira de exaltá-los — neste Natal, os intercalou com suas rosas "flexíveis", que abriu meticulosamente à mão, uma pétala de cada vez.

Sarah Jane, Sheri-O e Hunter estavam aqui, junto com minha amiga Masha, outra mãe solteira — como Sheri e eu —, que trouxe sua filha de 2 anos, Rumi, um dos grandes amores da minha vida.

Masha é sérvia — de um antigo país ocupado pelos comunistas — e não está acostumada com a abundância de presentes que temos debaixo da árvore. Ela encontrou algo realmente profundo e agradável para nos dar: um artista que desenhou retratos para cada um de nós, com base nas observações de Masha. A minha representa uma rainha, e o significado implícito é sobre eu ser capaz de me permitir usar a coroa.

Hailey é o meu castelo. É minha casa, o lugar onde criei minhas filhas. Foi um trabalho árduo chegar até aqui, mas não trocaria o que tenho com elas agora por uma jornada mais fácil. Todas seguimos caminhos diferentes, mas acabamos no mesmo lugar. Depois do que passamos, não assumimos que nosso relacionamento é inabalável. Bruce também está de volta à minha vida, um amigo inestimável e um familiar querido. Minhas meninas têm duas novas irmãzinhas — Mabel e Evelyn, filhas de Emma e Bruce —, e assim nossa família continua crescendo. Sou muito grata por todos termos uns aos outros.

Também sou grata a Ashton, acredite ou não. As dores que vivemos juntos permitiram que nos tornássemos quem somos hoje. Colaboramos em nossa fundação, Thorn, e tenho muito orgulho do trabalho que fazemos.

ÀS VEZES, NO INVERNO, parece que você está dentro de um globo de neve em nossa casa, em Hailey. A parte de trás da casa é majoritariamente de vidro, de frente para as árvores que levam ao rio, com as montanhas cobertas de neve se estendendo por trás. Os grandes flocos caem rápido, bem brancos, cobrindo a natureza, fazendo tudo parecer diferente — bonito, pacífico, transformado.

Todo mundo se dispersou para a véspera de Ano-Novo, e fiquei em casa sozinha. Naquela noite, havia lua cheia no céu, e me senti uma pessoa completa olhando para ela. Eu não precisava ir a uma festa. Não precisava de um encontro. Senti que tinha tudo do que precisava.

Sou inteira. Aqui, em mim mesma, nesta casa, neste planeta.

Estou com 50 e poucos anos agora. Vivi mais tempo do que meus pais. Sei que o que passei foi pesado. Especialmente vindo de onde vim. A verdade é que a única saída é olhar para dentro.

Projetos corporativos e edições personalizadas
dentro da sua estratégia de negócio. Já pensou nisso?

Coordenação de Eventos
Viviane Paiva
viviane@altabooks.com.br

Assistente Comercial
Fillipe Amorim
vendas.corporativas@altabooks.com.br

A Alta Books tem criado experiências incríveis no meio corporativo. Com a crescente implementação da educação corporativa nas empresas, o livro entra como uma importante fonte de conhecimento. Com atendimento personalizado, conseguimos identificar as principais necessidades, e criar uma seleção de livros que podem ser utilizados de diversas maneiras, como por exemplo, para fortalecer relacionamento com suas equipes/ seus clientes. Você já utilizou o livro para alguma ação estratégica na sua empresa?

Entre em contato com nosso time para entender melhor as possibilidades de personalização e incentivo ao desenvolvimento pessoal e profissional.

CONHEÇA OUTROS LIVROS DA **ALTA LIFE**

Todas as imagens são meramente ilustrativas.

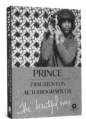

PUBLIQUE SEU LIVRO

Publique seu livro com a Alta Books. Para mais informações envie um e-mail para: autoria@altabooks.com.br

 /altabooks   /alta-books   /altabooks    /altabooks

Este livro foi impresso nas oficinas gráficas da Editora Vozes Ltda.,
Rua Frei Luís, 100 – Petrópolis, RJ.